THE TOURIST GUIDE

TRINIDAD AND TOBAGO

Word Search

ASHA BIROO-SANKAR

Trinidadian born Omatie Asha Biroo-Sankar, affectionally known as Asha, is a word search puzzle aficionada. She is a success driven multitasker. This passion has led her to create The Tourist Guide, which highlights Trinidad and Tobago's diverse culture and history. Her desire is that everyone who uses this book, enjoys all that the country has to offer.

Correspondence regarding the content of this book should be sent to empressroyalepublishing@gmail.com.

Copyright © 2023 by Asha Biroo-Sankar
ISBN: 9781733829373

Empress Royále Publishing
Editing and Design by Theastarr Valerie
"Everything tells a story…"
www.empressroyalepublishing.com

Cover photos by SnapShot Photography
Clipart credit: Canva

THIS BELONGS BOOK TO

G S Q **T H I S** P E Y
X **B E L O N G S** A Q
T **O** S T B C H E N E
Y **O** B F W R S Y A I
R **K** Z Z Y G M D **T O**
Z F G V C L S O W R
R K L W W A U R M L
A Q E Q H P T F S B
D Q U Q M B B D S T
K X L Q R P G F W J

_____

HOW TO SOLVE

This word search consists of letters arranged in a grid containing hidden words in various directions. Words can be **up**, **down**, **forward**, **backward**, **diagonal**, **vertical**, or **horizontal**; they may **overlap**.

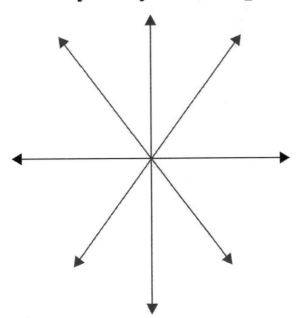

Words containing spaces will be combined into one word in the puzzle.

Example: TRINIDAD AND TOBAGO will be **TRINIDADANDTOBAGO**

/CONTENTS

LEVEL ONE

/CONTENTS

LEVEL TWO

/CONTENTS

LEVEL THREE

/CONTENTS

LEVEL FOUR

/CONTENTS

CRACK THE CODE

Solutions

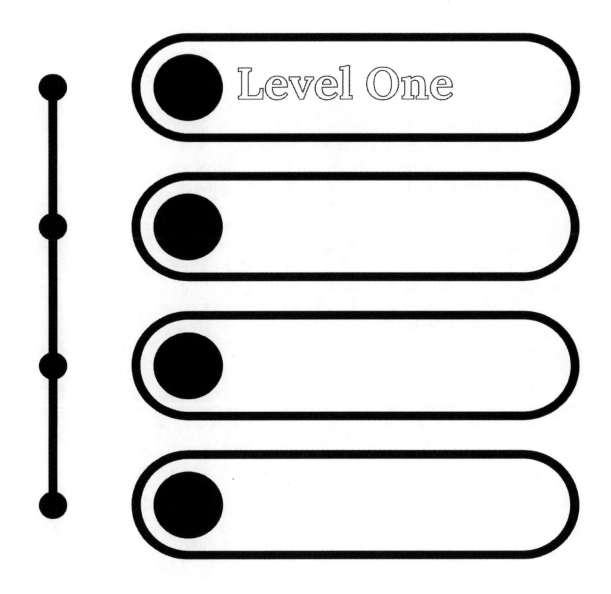

Level One

Beware! Serpents

```
F Z D P P K N F S P Y J T K M D F R Q P M R R P U P N X O N
Y G P U J M F A V D Q E F M Y L J B R F H P A V Q Z Q T E K
S A G M V G Y N V T E E G R A Y F F Q I D Q O X U V R M D T
M N Q Z B C T H V X R W B E K C X L E S W T P T B G H Z G C
V C J L A O U G Y X Q W G U N F A C D Q S F Q O L Y V N B H
P K N V J I Y T S Q Y C O V Q Y O J W W E Q E L U I S F M Q
K A W H L U O P D O S P U B G I G N U M D X L G S Z R Y U H
F H O O K S L M C L Z O S B I Q N U H E X I R H M I C R D R
J U Q Y Q Q N R Z G F K R J R R Y E E N L F U U R V Q O O Q
J R Q G N S T C I G H G E R A F C O C K B D J X H K K M W R
Y U P V D G X J V M D Y N Z T W K K P X K T V R U J P N E S
M Q N N C T M F F A O E I B K V G G C B E Z A W Y K Q H T C
W H J J T S G F J O Z Y N F S M D L K A E D H L F Z X S Z M
F K M H J Y M A G X A D V C U D Q M I M L F Y C S D P L H K
H E F A C Y I Q Y Y C O I A Q T S A Y K V B J N Z M Q C G Q
L G D Y P Q W J O O Y U B A H W O B W T L U O H P V O O D I
C E K O F E T G N S R F S W W W M C F M T H G K X Q G S E I
Y V B L B A P J T I Z V I K O P G P Q W F A H A F O B R A U
T Y H A O M D I H Y Z B G W J B H Y I I M G T I G W U V Y J
E R D Y C Y E N R M B P V Y C K N I C H H G I L C F M Z N L
Z N H F W S I K O E M I X P C V G I G T W X N Y A N Z R K M
I Q F K G A A K A C K X U O V V E M A C H E T E Q Y Y K W F
K F Y F L U X C Z N A A X O H N T T E R L X S I S W B M K L
R U L X P Q Y M E R S N N W J W B S Y T M I U R K Y X I Y Y
G J A L J D Z S U N Q L A S I W Q V M I M C D C O O V S B P
X C R I N G Q I W D S K A N T K C F V W H Z I K B H I F C F
Y S W C M C G X I F I J C R E A Q K N F U Z T E C G V R K G
I Y A W R V Y Y O M S Z T L O E R W P P L I Z O E T L R E C
Q F K W V T U T X G E O E K T C R U H B C T F L L L H G A X
X M A X V S K B U H J S N E G Y Q G X M X Y L S E X E J O Q
```

CORAL SNAKE   RAINBOW BOA   GREEN ANACONDA   RAT SNAKE

CASCABEL   HORSEWHIP   BLACK CRIBO   MACHETE

MACAJUEL   TEEGRAY   MAPEPIRE

3

Beware! Serpents

There are approximately sixty species of snakes recorded on the twin islands, four of which are considered venomous.

WARNING! SNAKE!
Mapepire (pit viper)

Coral snakes may grow up to 50cm long. Its venom consists of neurotoxins which can cause respiratory collapse and paralysis.

Did you know?
The largest species of snake is the Green Anaconda, which is native to Trinidad.
Facts:
*Weight: over 550lbs
*Approx. 29ft.

There are no venomous snakes found in Tobago.

 Horsewhip snakes seek out pregnant women and whip/beat them. These snakes are slender and long and camouflage well with tree branches.

If bitten, seek immediate medical attention at the Sangre Grande Hospital.

Chutney Soca

```
K Y Y L L G F O P Y T T J F X L P Y F F B M V F C O I L W Z
P C L Y P C Z Y C U H S O S W A A O D S C H P X B H G X X G
L L S G V I C M J R P P Y H E P V S E L I O K L Q W U D F D
S X I E O Y Y K W S T X C X Z Y B U M Y U C Z Y K I M N S K
K T I X W T R F H D A J N Q I W O Z K J A P F Y E G J U Z M
K Y D G K I Y A T L S J L J Y Z O X N T T S U U H B S E K R
A Z O Q Y A S H Y R D M Y Y E Y G G U R T F S O Q W U R L C
R V L A P V G S D M C Z W F M L D W H P C V V W D V M F R K
P N L Y C N U Z P C O O W P V B T Q C K U T Y I S Z A O Z M
V F S O N U E U C A F N Y R G U B I I X L V G Q E O P W O F
S E K B A G Q E C P B O D U O V I U T T M C Y X Q M Y N T H
F O F T B B F Y T L N N A R A K N A Y H S E K A R X A G C A
A O A K D A S H K A Q F B T A S E S E R C A U M R M J G T R
E G T I S O H I I W P K Z B G M L F B I P R G R B B C Y I I
C I I R C Z O S I R W U A S Y Q N D V V A N A I B X Y O Q B
Y P R Y D R D Y I N J S R A V I B A A H U P N N T H O X F F
R Q L R N A A D A N E L I D L K Z M R I W O B R O W N C F T
Z S I E A U S G O H I B R A J U B G W I F L R P L M C Y P K
C T C P M H D R S H N D C M J Z O Y D F N G Z C S H A W C Q
Q Q B S Q S D G E I I N X Z V I G R E G D E Z U I H A P Q N
N B L Y W Z T R B P R H Y D Z J K A X Y Z U N P P Q V A N Q
J S M T G B Y X I S I H V C W Y Q K Y Y W K S K Q Z J N Z L
X J M S D L Z R P G L K C F T Y Z S I V R P Z B W G J B B K
W H Q W S I O Y Z Y L W T G K T D Z M R P R G A R W N V S W
K W Q Y C N P E H J G A F Q N Y N T M N I A A H Z K A S E L
A V C O D S K Z G B K O L N G V U M L V Y U S H V M S D H Y
B J H Z D V A V T R J J M P P S T I P O N Z U D E N I T V H
U L N H K K S V Q Y N G X I O I T I O C X C V H D B T W R Q
D H S F Q U Y P Y J R R U Y D O M L P I N Q M Q A F I E I T
X T O P J Z A A J D O I X J F F R M D Q V P I Q X R X G S A
```

ROOPLAL GIRDHARRIE   RAKESH YANKARAN   RAYMOND RAMNARINE

MONARCH TITLE   GI BEHARRY   RIKKI JAI   CHRIS GARCIA

DIL-E-NADAAN   RAVI B   NISHA B   DRUPATEE   KI PERSAD

Chutney Soca

1993: First Chutney Soca Monarch competition. This event takes place during Carnival season, featuring fine arts of chutney soca music and is the largest Indo Caribbean event.

Drupatee's hit song "Roll Up the Tassa" created a commercial market for Chutney Soca.

Chris Garcia is well known for his song "Chutney Bacchanal"

DID YOU KNOW?

Indian film music + Soca + Calypso = Chutney music

RIKKI JAI HOLDS THE MOST CHUTNEY SOCA TITLES

GI Beharry retained his Chutney Soca Monarch Title, by placing first in 2022.

Chutney music is enjoyed at "cooking nights" for Hindu weddings.

2008: The first Groovy Chutney Soca Monarch was held

Winner: Rooplal Girdharie

Cooking Utensils

```
F N T T W B O C J T X X K X E O D P C A Y T Y L T I O J H A
C C Q I D H U F H L V A B A K V Q Z F I Z U Z A O I X H E I
I N L V T T S B U U S G Z J E H W T K W D Q E W K M D P A H
R N R X K A L C H U L F M K H F T U P J Y V R M Q R W I D N
W B Y K S H H Y L R E A Q V D J O Q O C E X Y H C D A W G H
G G Y S M M I V V C F U H U I B Y F B L E F S D A S V C B N
K Y E Q W P R Q V C V I Z J A D N H O G L D N P O Y L I J K
I V R H W Q G A P J E J N F N S O Q R Z I X E B P O S U R D
N J C X X Q E S X Q G A B T W A T W H C T D H H F L E C L M
I Q G V Q C S B G D J D L V O C Y T T G O E W A F K A V T G
K O P N I L H Z T R E Q S B B H B K S Q A B C H G P X T F V
A A Q M H S R I N B M L Y D A M G I Y F M O H R H K S Q P T
Y E U Q B F Y C M H L Q M J I D Q L Y H U T B Y J W V D K Y
B D H G D K J L E T T V A G L S R O A D J N W U W Y J Q N K
F U L R F N J U Y T A W A R N I Q F S H L K Z R N X D L X L
K U A H Z W E O S T K J Q C A J F A G V D B H V H P Q A R N
A V A V G R F M V X Z C Y F I H I H Z E I Y R E B S E N I E
C M V X K J D P K U J Z I C J V C C G D A K I O T X I I A N
F P T P Q C F W N O V K O T H M U U A X O F U K O E I W B Q
A D M B B J K P N B A B J Q V S K W Y P X Q B O A A K Y M C B
Q O R Y D G Y N M A F K Z E K E F P K A M J E E H P A S O K
T D F M E W Y N C H F H Q F L R L U V B N P A J W C C H F M
H Z K Y D N E W K X E B B B H W X K Z O W N C Q M Q B Q N V N
O Q J S Y E J D E Q C J T P O U R M Z Q E X H Q Y A B B U U
I J I L J Z H D V J C F E B Z I D N N I B J U K O J O O A P
Y T U P K U G W D O M A G Q Z L J Y P U W N Q R N X G Z B J
W D W T M A F I Q H O A H R O L D N A L I S N Y F D I U J Y
M V U N M L P E X I J R D Y K J Q N L W S T T G B A M C M V
V G A A I K J U A I V Q I P Q E S C Z B M E Z S D C X F I Z
R T E I M Q J R T G R Q Q P C L P V T K A O L R G X U N V W
```

SIL AND LORHA   SWIZZLE STICK   DHAL-GHOTNI

KALCHUL   CHIMTA   CHULAH   PUCHARA

SAPHEE   TAWA   DABLA   CHAUKI   BAILNA

Cooking Utensils

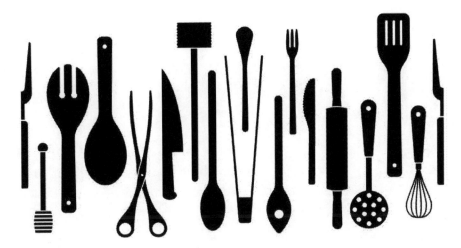

Bailna: wooden rolling pin.

Chauki: wooden pasteboard that is used to press out dough evenly to make roti.

Chulah: a clay mud stove, known as a fireside. Dried wood is used to ignite the fire to cook.

Chimta: a pair of iron thongs with pointed or flared tips.

Dabla: long wooden spatula used for flipping roti and making buss-up-shot (Paratha Roti).

Dhal-Ghotni: wooden utensil used to swizzle or break up peas into a puree.

Kalchul: a stainless steel ladle used for serving soup and "chonkaying" dhal.

Puchara: a cotton brush for oiling a tawa.

Saphee: kitchen cloth.

Sil and Lorha: cylinder slab of stone used for grinding seasoning on the flat stone base.

Swizzle Stick: coiled wires on a stick. It is used to mix callaloo by twirling between hands.

Tawa: a flat iron cast similar to a griddle, used to cook roti.

Curry Tabanca

```
X L G Y Y Y L L S J X A R P D J H X U L D Z X V T F L B E V
W N L B R U Z A R B C S H S H V W C D L W R E R E L B U K C
Q U C T A F H D E B A Z M Z U M M H Y T E A B D H L F W F Q
P M Y C B M P H E H L H D J Z F L Z P U M C B D L X N W P M
R P K T L X I E K C L R D U T M I Y Y C W U G I A T V C I D
F J N G L N I F M L F R F J J B T Z U I Q M Q W X E N W Z X
S X T U P S D O B J W J B V P X J P G L C U U M E A U G E M
P B J J N L U E T D M U C X B N L K Z W E I I L O X U V P E
Z Y W L Q N P F V Z R I R T L F G E D B A B V X O N V I H E
F A V Q E L D M D S H P M K Y C R D M O K T N H E D L J I G
F M B Q N T H C Y L A X M P F O V Z S T S B G G W N Z D R X
J C A W F R A N O X F Q O I Y N E K C I H C G X L Q J W Q J
B O Q J A Q L O V X S V N H R C E E D K M H W A U L Q Y M W
B F G I X Z P T G M U Z S C W H H H N I B A T Z G T P B H V
Z L M C M G U V G R J W O B F M S R A G S N L V O C X B C U
X S O P Q B R I R J E I T Y K E N X A H I N Q O V U F O X Z
R D M M X Y I Q A S S J Z K V T Q M U R T A N I O F D J R J
P D A L C C K W W D L P B A C R J O K I C A T E O X J J Q N
M Z N T D N B H C G N J U Z F P B S K F R J R A M I O U V J
P K G A B A B F V U C O W F K M B U O P W I F A H D W G D W
Q M O C B Z A P O A O L A I L X Z C K X C Z U Q P C M F A H
F Z B M H S Z F M F P R Q K L A W Y F R K E K Z G F V K V D
T W B T R U K M Q B U K C W Z O B R A A Z B D B E E F X E I
O Y R V C K E K W Q W Y R C X F X L D S Q C E G Q F U E Z
N K E O Q Y I T G A E I V D H P V Z H H U A W M E T H L H H
S V W R G P Y Y I O E H Y I X K D N Q P F J H G F Q I P L B
O J E F H R H D H U P S U I J I X Q R F S S K S R Q J C I D
K N D X I M Z N L E B C T P X T A K N D L A A Z A Y V U
Y H X D L T Y M B C B R T C Q Y C F M N O Z P L W F A F R M
W G F M Z R Z K K I R A K R U B W C M H O Y K V G Q S U B Q
```

MURTANI   PARATHA   MANGO   SHRIMP

DHAL PURI   CHATAIGNE   CHANNA   CHICKEN

ALOO   GOAT   CONCH   BEEF

Curry Tabanca

Trini style curry is one that must be tried. It is an array of many flavorful spices: curry, geera, turmeric, black massala, carapilay leaves. They are combined to make many vegetarian and meat dishes.

Served with curried dishes are rice or roti. Paratha roti aka buss-up-shut is a thin roti or flatbread, cooked on a tawa using ghee. It is folded and "beaten" using the dabla, creating the look of a "buss up shirt". This goes with anything.

Curry is considered to be a local staple and can be found everywhere. In St. James, roti vendors are popular for selling on the pavement day and night.

Murtani: a smoked peppery dish, served as a side is made of roasted tomatoes, bhaigan (eggplant), ochro, hot peppers, garlic, and onions. Popular for river limes (hangout).

Deep Plunge Pools

```
O H U E G Q L Z X J R N B F S L O O P Y R E T S Y M L W H J
S D R N G P W C Z K U V M P R F L Q B A I N Z Y R P Z M Z J
R I O I M R K B L L Z F K Q A B A U K N J Q S P V L N M E A
U R O W H N O T R L L E Z X U K L J O V K O O P P K L H E E
Q L C O C A P G A S L R E A V K U I L M Q N M Y Q Z O W X X
Y C N N B E I U R C N T O Z E G I H S F G W H A C X W W T E
J W L V E E Y I K E F I N J R L T W L W S K K E T Y E R O D
S A J E V O R M R O V D S P H E W B K C K V X R X C R P E J
M Z U Y J J N R A O S I K A P B N D K O Q R G X U B N I T H
K Q G V H X B A L A N D R A B A S I N S M R O Q Q X O Y Q D
S A U D G N F X G T E X Y E E E W X P H M C H I O I R C K I
R R S C L S T G S T E H G D N Y U E G H S S W I T A T X A G
F J I D G W Q U G Y E P J C Z G S L R C V M H T Z R H B F V
N A J I P I T W C A G T R S P C I V B U U H S Q A I O P U S
Z O F U M R W U K R A H O G G W U V Q W I D H Q Z E R V L T
R V I N Z N L B D R X R D S L F J Z O I H T E J U S O N V J
H J L X K D W J G A P E K B D Y P B T C N R B U J W P Z F P
B H O P U Q E D F G R E S H A R K R I V E R L Z L B O X F Y
W G Q J M R Q N Q O O P M P C C U L P A X A Q V X O U Y K U
Z T D K C R I X S R E O B C N S M M W P N H T Y I H C J E M
J O B U G Z Y O E G R O G O P A N A U G R Q Z A L O H H E G
M W A H Q P O Y H E D L B H X M A W Z G B D S U H B E Z Z W
D K O K D X V P J S T S T E J S C R U L N O I A A C R R H L
S E L Q H T Q E F T J T F L G A U U A W Q U A R E R I V E R
R U R R B O Y E Z X Z I L O O P D I A M R E M Q H N V J Q W
J I R F C A P O E C S D D B V A P Y N V W V G P C O E V D G
X D H E F O I M J G T E F B E T D W B G L E V Y M T R D H M
B F B Q F Y W O P G H L O J A W A W H Z A G B S U L M Z T Q
K D M M V I T T C P V E P F V H R K L V T S V S P U W J O H
M K I Q O Q B H K F A W I H Q A C C N Y O W V U U Y M U E H
```

MERMAID POOL   THREE POOLS   SHARK RIVER   YARRA GORGES

QUARE RIVER   BLUE BASINS   MYSTERY POOLS   GUANAPO GORGE

COVIGNE RIVER GORE   LOWER NORTH OROPOUCHE RIVER

BALANDRA BASINS

Deep Plunge Pools

There are many hidden, deep rivers throughout the country, accessible by arranged hikes.

Shark River
Ideal Location For: a "Trini River lime"
Fact: this river got its name because villagers and visitors could've witness shark swimming up the river.

Mermaid Pool
Known For: the refreshingly pristine green waters
Truth Be Told: there aren't any mermaids here

Guanapo Gorge

Location: El Cerro Del Aripo

Description: V-Shaped Gorges

Mystery Pool is the perfect place for swimming and jumping off the rocks.

Discover the East Coast

```
G L A J Y W P U S J M J N S Y D U T S W X Y N M A N K Q F I
U E X H N D V M B P P O A A M V G D A G A U I Z C H B I M T
M S R R X Y O F N P D P H O A J V E P K M R L Z L V T V D C
X F H V R I H O W C Y D M H N S P R O S F A T C N Z R X X V
K A V P B A V Q F Y D O H J Z I L P E A I O U L K F V U N Q
C Y Y T N N E P L A A V L H A W L A D V W Q T D V G D M F A
H D Q G Q F F X V Z E E I P N G D P U G I N R X X K U T G W
R P I W O E U Y C G V S Z E I I C U Z K B R D B W Z F V L Z
V M V Y R M Y E K A L D T T L O V R J K P A A H G Y N K F F
M W C P W C N B M Z P I J S L G R Q K X L V R V C Q F P R G
V W K F N O C O H Q R R G A A J P T X Y F M Z V I R W T Q X
B W X D F S R C H G R T X Y B O Q O O O Q D N W G R Y A F E
X R V T G P L V T P M O B P E Y R J X I R M A L K N A Q R Z
Y G J D L X I J F R J V J H A J Q S A I R C J Z S C X N E B
V N K L N L I O D L R E Y W C L H O Y P Q E Y B M K K U E I
C T D D O T I N C X Z N W E H A K C Z K A P R O N E C W J D
U Z I P N N B H K E R D F S Z O E N S H C W K I J W H F C S
U Z P B O O G F D W B E N O P X F F B A C Z U H L V H K G B F
Q J J I M B P A O N B L D I A H C F O Z L M D Z Q E G T H Z
Y V A N E S L G L Y A I S K E L M D W R Q R Q X M J R G V A
I Y Q X M C I D N E T G I B S L G W E P A X E G W I R W O A
Z N O S B F N U Z I O H I P F F Y X E X D Y R X A S M X H L
V U X J E X Z P H T H T Q R B E G X A M T T A K X R A M T X
B X S T H E C O C A L S A Q B Y N O Q M I M H M J Z K U J B
J N O X B D A T A A E A I P R W D M W R T M S K I P O U W W
B T V G Y Y F L P H W M N F O X K Y R D N N G Q D Q A M U U
P B B P S G A R M U C E B M C I J K N L Y U C J Q H R B G L
X G A S S P F F S H R A F D S C N G C V C D Z P R H J D H O
N Z P J F L J V I P A K O U J Q H T R Z V L B W I T E P U I
P U G O A R V F Q Z M G J H K T V E S D T X A J X H H F C N
```

MANZANILLA BEACH   DOVE'S DIRT OVEN DELIGHTS   DUCKY'S ROAST SEAFOOD

MAYARO BEACH   BRIGAND HILL   THE COCAL   ORTOIRE RIVER

NARIVA RIVER   FISHING POND   GALEOTA POINT

13

Discover the East Coast

Galeota Point: home to the island's gas and oil reserves.
Original Name: Punta de Galera before the British took it over in 1797 by Captain of the Royal Surveying Engineers, Frederick Mallet.

Brigand Hill Lighthouse
Location: Biche
Built: 1958
Height: approximately 60ft
Fact: served as a main hideout place for runaway slaves and refugees

Nariva River is one of the larger rivers that drains the Nariva Swamp.
Fact: the largest and most ecologically diverse wetland.
Things To Do: Kayaking and Bird Watching

Fishing Pond Village
Location: Sangre Grange
Known For: Red howler monkeys
Attraction: Fishing Pond Beach is a great location to view leather back turtles.

Dove's Dirt Oven Delights
Location: Guayaguayare
Known For: traditional dirt oven baking such as molasses bread, sponge cakes, cassava pone, and pizza.

Folklore Characters

```
Y S A P A I Y G E Q C Y G F O D W M Q X J M V E D T R O V U
S X W G A F E K Q V N K D H A Q V P L M G A R G Q O Q X U Z
Y S D G P X O H F T S V U Y A W A M T C N Q R K L D N D V J
F D K E O R S W C I S R D P K L N B Y R M R I A N J A J R U
P D U H Z H M S N B S D O T X W B L L C M Z J V S D Y P L M
L O H S Q N D D G K D V D B C N F F Y S M M B Y S Z J T L B
F F P V V V B V M S Z I Z B N M E X P I N W O N C W R Y E I
V C K J U W V F W M V K N M B Q D Z F B P R A V L G L Z V E
I F L Q Y D K A K G G L O O O S N U S O B P V Y P N H L Q Q
C Q P G O G C K D O V T L O O A C C V O J Y G E L T H V T P
Q P R A S N I Q S N R U K M E L I K D H T T D A T I J B V K
Y L Z X H F P R K L O D I I W Q G N X U B L B H A N C I V Y
W L P U J B N D U U D A Q M P U Y D X L L M U U P W L Y T C
T Y X A Q Y E G G G I E L T J B T L A F A T J Y F D B J J S
H C X H Y M U X B S S A G Z K V T A N M G D S G T P I O Z P
F J G A L A M A B H S P H W G N X U M Q A Q I J D W C T N Q
C X T G D M Q O S D F Z Z R J B X A Q Z H M V A Q R Z L E X
W J H O I A N T X G M H R A A Q T B E J O W C C B G P C D D
P E N G M D L E Y T A J N S P R Q O K I O P T A E L C R O J
B P L B P L E X Y X N U B D R N A S O C X A H K D T E R W K
Q P R I K E M V V G I A K N M V N S N E U O D A L N E S J J
I V L V R A P C A S J R Y A V S C J G Z Y B V L G E C U S M
H B G D V U L X V E Z K U U U L C I O N B G J A T J T L X E
M H E B M W H Z N C D O I N O B D H T F A F H N H I G V A I
I E J B G O W C L M O K K P C C O E Q B M G J T B L W G G T
R S A Z Z S H Y G M G D M T Y F O S T Q S Z G A J R Q G A O
H S M M F P N U D Y S R O F X T G U L Y C P L N T K U R V K
I O A G G F T S E T B B X V Z T Z V S I O B A P A M H W Z
H M W N X V V U H K C S G B C Y M E B D Q M E Z G M J G I
T I L C L I K C B R C V D B Y U T X R D H L T S E O S O S J
```

SUOCOUYANT   PAPA BOIS   LA DIABLESSE   MAMA DGLO

GANG-GANG SARA   MAMA D'LEAU   BUCK   JACAKALANTAN   DOUENS

CHURILE   JUMBIE   LAGAHOO

Folklore Characters

Papa Bois aka Maître Bois is the protector of the forest. the keeper of the trees and master of animals.

Folklore is a cultured aspect of Trinidad and Tobago. It was inspired by West African and French Creole with a fusion of Amerindian and European. This created a more elaborate mythology. There are many superstitious stories of encountering some of the characters which still lives on today.

Douens believed to be originated from Mayan Folklore Tata Duende are the spirits of young children who died before they were baptized or "lost souls".

Soucouyant described as a "ball of fire" is referred to as an old woman of the village, who is considered to be a blood sucking evil spirit.

A Buck, traditionally native to Guyana and Venezuela is a short person/spirit of small stature believed to have magical powers and is kept and used by people to gain wealth.

Horses of the Century

```
U D Q G O I U C Y X R D X H W B V V T T J Z N M M M U B N Z
Y F D W Q O D D H H K I V R E L B Y N L O R O Q J G B Y V J
E I M F Z M C Y O C G H P N D P N U D M M M L M E J Q P Q S
T H H R F I Q D N R S V X B A Q G K L E K N P J T O B T G G
I G E L F G A L E J W X N E O L T B Y Y M E X E S R G S A L
Z E O B M T L N G G Y K F M N J G U G B H B V G A U I U P Q
R V F K S X C U E R D C G E Y G S W C T K D C E M R T Q Q R
P D G D C N V O R U V Z M I F J C O C N A J Y W E J S P S W
Y A H M L F V B Z X W T L K I T T Y G I L L W M N G R O S H
H C W Z Y O Y Z C N U L J N M E S H E R J C W W T O P P N H
Q J V R V P G L H Q K T B Z I K Z D J F H B N J O Z X O N N
W H N C G O B S E M G S I V G K A I R Z G H E A N U P S N V
S W E V U U G P N K N C R O T A K E A L I G H T E V U N B E
J V S K O Q O C N A C R C H G U N W J U X X R G A F O M O I
K V D A Z P Z D R N I Y P T M X G D N Y Q J F N Z Z O L R M
O I F T D P K U K O S S D T M N Q I U X U P F X C O D O X W
I V S K T E R U O P L U R E B I M M T T U U F N G N F Y R N
U O W S C L K V B Z N Y I U A S J Q J A O Z D I B D T K I W
B S R A K K K H X E I J A R O I G N G F R N V A L U V X C J
T G N E V T M M E F P G M S A L R B R G F I D U I E U F Q J
X G Y G T A L I W U R J B U A U O O X F X S V F V O Q D A R
T B A X F E B U X B S Q Z Y E D Q C F U B J A Y F F O T E T
X U G L T B A I N S I W R W C S N A L A Z A D X D O A H C C
F H Z O P X T G A Y J B W K W Q H N Y A I Q F X Y S F F H X
B B W D G U L D D Q L G W V B A P D C Q Y T C V M S B H A Z
W X P Z Q A P C C N S G W C F H K N O A O H X S K C Z Q E
P A H H L F V L P J R V G G B T U I Y Y E Z R H V R Z F D I
J D Y O O K V D U C W W I A B G N E H E O B L D I Y P T K D
F H K N V Q F Z O P L P P C K U L R J A O D X V D P I I J N
D I S U P Q T A K P D L H S J J U X C D X D T T S X R H F L
```

MENTONE   AQUARIUS   AIROFAITH   SIAN'S GOLD

TOM PEARSON   TAKE A LIGHT   ROYAL COLOURS   KITTY GILL   SAYLOR

JETSAM

17

Horses of the Century

Santa Rosa Park: thoroughbred race track

Known As: the only race track that hosts major races such as The Royal Oak Derby, Guineas, Midsummer Classic, and President's Cup.

The region's premier home of horse racing.

1922-1926: Kitty Gill (bred in Tobago) won 83 local races.

Claim To Fame: won against imported horses

Horse of the Century: Mentone

Owner: Mr. M.E.R Bourne of Barbados

Stats: 7 of 12 starts in Trinidad; 6 from 6 in Barbados

Queen of Santa Rosa: Sian's Gold

Claim To Fame: won 19 of 29 local starts; Gold Cup and Stewards Cup winner in 1994 and 1995

International Eatery Franchises

```
B I I B D O C N D U A S I M R J D J A Z P C W V L B F B F B
W K M Q O O H N B P K K K I S X A G C S N Q X I H R V C G J
K W Z E S O V E X Q V M X U U S Y A D I R F I G T L S G G F
K R E W Y Q D H A E O C O Q J F C Y K R N P F W Y D Q C A F
M K L E U V G G W U G O M H T J G L O Y L X G D M C S W W H
Z U F S Y I F J Q V F R W A K Y F Y I Z U G J O J Y O Q C R
K V Y M G X S G Z D M U P O F U M G A T Q O F R A H B P V X
W N T R T U Z W O P J C W H W D U K O D T I A G E G L C Q L
K D Y W X F A Y R E B H F D A Z P P V I Y L Y M C R S E M P
J A A H A Z O X E U B W Z V O S L Q V D F P E J K S M V A E
Z B B V M I X B W X B N B V P M R G H O Y A X C R Z O Q W T
S D G O I L W Z I J L U P W L J I T V T R V Q X A M R B G F
J R Z G Q N G J L B U R G E R K I N G X P L E T Q E S Z W Q
C U U Y A G S Y Z Q Q J F C G V T R O D A D M D Q L S D V G
M I J M V B M L N Q R S K C U B R A T S R C K V W T U A R K
I Y G S V L U O J E P E J T O R B J H Q P H P E F V W V R O
N W Q T A P Q Y Z B M I D T N S X U Z X F I I Z Y S O A G S
D T V H J F B A X D Z I P K U G A S H Z O S Z D V X O J X Q
S P T U A C W K L D W V A P Y H M Z C F L A H Z X S U M W L
B E G U O A Y E T W V O Z N Z V A N I J X F W J A B C O P F
F Y Y J O O G Y N X C S K S M Q J Z O Y B F F C A Y M C P K
H J W E C V G E Z D Q H A H G O X F Z R L T D D A I F K W M
V H F T P K Z M N V Y R W H Q N E K C I H C S H C R U H C W
B S R H L O R E V D I S Y I J U A Y O J P I F U K F D E I Z
A N Q X X L P G K K A K A A X I H U E M E Q Q K B I T Z O S
L A F D J O E C Z C L Z U D T Z B T R S J R E Y A W N Y B K
K H S Y O L J O U F Z Z S Z T R F F O V K K D H P M A J G W
Y J T M U G I C R J I L E A X F O W R B L V G C R T L Y Z W
M A N K V T L F A O P B T S W W P I F Q F V J W Q G W D U P
A G L F Z E X U D T T X L E E X R L H P E H O F M I K U V Q
```

KFC   DOMINO'S PIZZA   PIZZA HUT   CHURCH'S CHICKEN   LITTLE CAESARS

BURGER KING   HÄAGEN-DAZS   TGI FRIDAYS   STARBUCKS

POPEYES   SUBWAY   WENDY'S

19

International Eatery Franchises

KFC IS THE MOST POPULAR FAST-FOOD RESTAURANT, WITH OVER 57 LOCATIONS. IT HAS BECOME PART OF OUR CULTURE, SERVING OVER 40 YEARS.

T&T boasts of many popular international eatery franchises. Most restaurants offer dine in and takeout.

FUN FACT logo: Prestige Holdings Ltd is the largest restaurant management company that operates KFC, Pizza Hut, TGI Fridays, Subway, and Starbucks.

Both islands have some of America's leading restuarant franchises.

Local Films

```
B W J N V W B M I K V P A C G K X B T P L G C D N M K P C Z
I P P E C T Y F N H I F N O W M M V E S U O H E R A W E H T
S O U V H R X S V H P O L J E J C B A Z O D E E Z E V C J Y
K T O L F X T O U I H X T B E T I G F J X L T C F Z D X T Z
J C Q D P C M Z P E E J U M A U V A V C C O H O O G U O H E
G Y B O F W E Y V Z L D H L H I N G V W C V L N V F U P F M
Y O W V B G X I W H Y J R Y A T X R H T H E C U T L A S S O
W U S B T B N L V I U J A M O L R E Z I E S X F P X K F Y M
R A C S H G X N O O H M M C Q J A E H T O T F U N E E I F P
B A T G E W O I N B M I V U B Z V N H R B H P P J K C Y J Q
X Y A N A N E W Y W K E A J F B M D G B F E T I U M N Y X U
U D A M R S T K I I N N H M F N U A Z F K F Y E C K M X S J
Z P U G T M Q I N B B I J T M V Y Y V G A I M C G Q T M L V
F L F N O K J S W W I J X L A R G S D O N G Z V A P S B G N
V R R T F G V L P E J O V G I N W B C H W H S B I K C U B L
F M B D A L C S D A H D F O F U A Y R O P T I L T O L L R H
L O P M M W Y D L P O T A A G E Z T I D W E X F J N J H C G
E V J Q O Z H C Z G Q X B J C K Q H N H A R V P F P K J Q Y
U I B M N T D G D P Q Q I W D J G E C A A V H G T N P B P V
X N A S S G S I D S R V X Q P X K R Z Z S E W O J N W T B I
Z G Q Q T Q V X B C U W L U B J M I J P G M Q R D C T A R B
U P G M E L K C M J J B V M M V Y V R N V V I E U Q G D V Q
V A M B R Z P V E K Z A R D N Y M E U A G I S H H H I S D I
D R B S V A J O F Z S H S W P O L R Z R V Z R Z W Z X D A W
T T U P K G A C H W B T K D P A D V Y K W W W Z R J K R Y B
H S C A R C G L M X K Z N H H B N R O F Z T C F G K G Y J N
I G V R H X I K T T Z S W L N P Z B E Q I Z O D J G W F A A
I I Q Z B Z T D O I Z P T J F H V B L Q F V V P Y D W K M D
N Z F E G K H L M P N H F G D S U A E G A X C L Q D L H I U
O Y D Z R O F H Y K D E T I S I V E R S D N E G E L E R S U
```

GOD LOVES THE FIGHTER   I'M SANTANA, THE MOVIE   GREEN DAYS BY THE RIVER

HEART OF A MONSTER   MOVING PARTS   LEGENDS REVISITED   THE WAREHOUSE

THE WITNESS   TOMB   BAZODEE   THE CUTLASS   MEL

Local Films

2006: The Trinidad & Tobago Film Company Limited (FilmTT) was established.

Green Days by the River
Based On: a drama novel by Michael Anthony
Description: a boy pursues the affection of two girls
International Recognition: the first film to be screened at a Film Festival in Switzerland.

Bazodee
Starring: Machel Montano
Description: a story about an arranged marriage for a wealthy business man's daughter, whom fell in love with a local singer.
International Recognition: first time a Trinidad and Tobago film was shown in over 250 screens in 40 markets across the USA.

The Cutlass, inspired by true events
Description: a drama thriller where a young woman is abducted by a sociopath.

I'm Santana, The Movie, is a comedy based on puppets
Starring: Santana, the puppet
Description: Santana battles himself to cope with social ills and his love for Janice.

JOKE

Native Animals

```
U Z B C H H W M Y N D A I C E I I A L L C Y Y H P U H F S U
X J S K W Q V N L A Q X V A K U A U D T N B P M U J S Y Y Z
D N T H Z W H L R M I R H J Y C X K J Z J U B S D J V F O T
H J S Q R L R H R Q E O W X K B F K N Y O P B S E C N I G K
Y M M M V J Z B R W M W Y O R G G A C Q R H O R D N W G P
H P Q V V V B W H A M M T F B L Q M Z F X S H H Q T L X B N
M C Y X W O N N R Q O G L C O T R V C B K Q Z R B U S H B J
Z T W T U F M S Z L B X H F F Y N M N U I U Z E C O O S C W
U V S C F M X E B V I V Y J V B G X D S I I Y Z Q X I P W L
S V O K W B P T E A X T R L F E W S N C T R I C T Z W G X C
J D E T M A B A S B K C D J V Q M V E C M R K D U M K E Z J
P G K S O G E A U C O G P Q H O J E P D C E B X L L E S O N
C K G N R J Z T Y X V P H P R V M V V O V L Q U O C I N A M
H X N E D Q R D J S T P Y E U A M B Q H Z T U N L L H B S N
Q X G E Q K Z X B F W F C C F G E T R X C N L L C I C R H W
B A Y E U T A T U M J R M C N F D H R C R B B D X Q A Y I Y
O Q Q N A Q L Z A F G H H C A Z P S H W D S G G B A U B Z T
W O R A S O A S K E A C T W D T B Y P B X K R S T T V H Q W
J E I U P C F Q W T E K C O R B D E R G H T M U F F R U R H
V O Z Q Z J U Z D O K J V J L W P E I Y E X J K F G R X L H
Z V J Z B J A W T J A Y P R R E L W O H D E R V N Z B M M B
M J X K X T N Q I Y B F Y K N H C M T P I W W C V E N K V J
I E Z N B Y F K Z J H R O S F G H O Y M A N A T E E H V P V
V O K H I V V U C W R C S Q W I T U O G A R A B Y P A C F Z
J H M G H L Q I G U A N A Y D P H Z Q M J H N C O S P M S P
N X W J O D V R H D Y X W G R F J F P B A S L K K I Z A Q K
G M Z R R Y E S T T Q Z U P C W B K R S O J X Z V A C A L C
I V M V Y O W N L K V K N K F P K U V Z T R I I Y O W A T A
Y H G K T B F D I M H V Q A I U F A C D I D Q V G Y F U Z C
P X P F V X U D Z V I J S G I V Z D O E H U T V X F S G R S
```

SQUIRREL   MANICOU   IGUANA   MANATEE

RED BROCKET   RED HOWLER   TATU   CAPYBARA

OCELOT   QUENK   LAPPE   AGOUTI

Native Animals

VISITORS ARE LIKELY TO ENCOUNTER A HUGE DISPLAY OF SPECIES ON THE ISLANDS...

Found in a semi-aquatic environment
LIFESPAN: 4-8 years
BREEDING GROUND: Caroni Swamp

Lappe (spotted paca)

TATU (Armadillo): known to carry leprosy.

Tatu, Lappe, Manicou, Iguana, Agouti, and Capybara are the local's favorite wild meats when hunting season opens. They're best eaten as curried with provisions or dumplings.

24

Parang Instruments

```
E Q R T D N I T D X V R S V B B O X M M H M C I A Z O O F S
D H C G Z T E U B C D B U H Q T O L F U Q V A G J Q G P E L
A R A T I U G P L R Z L L F T C B U Y M M A E N H C F M M D
V I O L I N L W U J E W L R Q K Z H B W P A Q E D J G D C M
P I C T O D R F J E M R W P E S Y I G I Z I X I J O L F G Y
E W S A A D K J J P A T O F O E J N M W J W O V B C L H V C
X L T Y L Q N E D O M U Y X L S G U H D Q H L W V P J I T X
U W Q L O R T A U C M G U O O V E J J J T W C T C S V F N U
L S X L H K X U B A H A I D R Q Y X T O Z K G U M O A L E P
B C Q J Q H J O I O S E K N G E Q V F L U C X J Z Z U L Q M
W R E M R V M T L U X S J Z G L Y C R X S W K L P U B G Q T
Y A I L Y Q T R D W U B V E R Z C K S L F A Y R J A D Q G R
L T U F L L B L T V I D A A G J Z V P Z W V L R D O O B G S
M C I K C O H H L R W A S S H J P K R W G C K Z F N B N H E
D H W C G U M Q M A R A C A S X E Q O L V V U C F W E L U U
I E O D N R S D F I W R E T U M P X G E N W U G U C J U S H
W R J T B R S D O D T K F X W W O C S T P A J Q D R L Q W A
W F L I P B A S T B F S Z O K W X L I M H H K L F M H K H Q
C U D G I Z N G O R N T C X D O R G L J L U H E G V Z U Z V
A G R O B A K E L H O U G P H O Z T Y R D R B J N T B B A Y
N O P O A L M P N M E X N I Q D S P Y G A J Y C S K B H Y Q
U A Y W M S Y U L O X L Y W L B D J D T O N W W O A M X V D
A M N F Y Z L N R B R U P Y R L B J K I S K U B F E J Z C B
R G D P K K A L K H Z Y F I T O N J J O A Z N W L G M M B D
N D P Q U Q A Q O N U A C O T C O T S Q X Q C U Z Z D R L W
V F F R M U Y V R N X Y Y H R K F D D H B W H K I X H C O R
J H D P H J Y F Z S T F G A Q H X O D T H I L N L F W R Z B
Q R X A M R L L J Y T L O N A E R T T W T F G E D O M E F D
H F A K L E N I Q V N U C T C C Y Y E U P K F D M G I R V I
L W O J E D N S H W K O I X S H Q X E L F M O B W Q D A S J
```

BOX BASS   WOOD BLOCK   CUATRO   SCRATCHER

MARACAS   MANDOLIN   TOC-TOC   BANDOLA

VIOLIN   GUITAR   TIPLE   CELLO

Parang Instruments

Wood block: used as a percussion instrument; made from a single piece of wood, generally teak. It is called a slit drum that creates a resonant sound that is struck on the surface of the block using drumsticks or beaters.

Scratchers are made from aluminum sheets, where hundreds of holes are punched using a nail. A comb with teeth scratches the texture to create the sound. It is also a percussion instrument that is a decedent of Guiro. This instrument is also used in steel bands in the engine room section.

Maracas also known as chac-chac is made of dried calabash gourds or turtle shells that are filled with beans or pebbles. In today's world, these chac-chac are made out of different materials such as wood, fiber, or plastic. It is played in pairs, shaken by hand to create sounds.

Toc-Toc also known as claves are two short pieces of wooden sticks that creates a clicking noise when knocked together. Some claves are hollow and carved in the middle to amplify the sound. Modern manufacturers used plastic or fiberglass.

A box bass instrument is a wooden box that is attached to a taut string, creating a heavy audio sound. It is used to keep the tempo of the band and the pitch of the sounds can be changed by altering the tension of the string.

Cuatro, found in South America and the Caribbean are a four-string guitar like instrument with a shape that is closest to a violin.

Peaky Mountains

```
F K F D E R G M N R Q C Q R X K L V N R L I W F K Q Q I F N
O L Z M M R Q N B Z O C K A Y X M P K V K K D E L H G S Q Q
R P S M S Q J U N P P O S U B W I O Z Q D R G K A X U B I A
G A I B M A K U B R Y F V M X P C W I T S K G V O R S B T G
U A T R M P C L Y P K A S N C Z F U A J Z M F F A X N Y M I
X K O I A F P K T X A M Z B X Z R L S A V J V R A R G E X B
V Q X F C L D L T W X L F O E E P S Z A V R H C T E P O I E
Q L U S S M E A X I D U N F E Y Q S N P W Z A M A U A W N T
B A U X L E G D I R N I A M L U H Z P P P H W E P X B Q X U Q
U O R E Y N D Y O R K I W K T R V Q U V D U Z A P E Q L L F
A C T Q R M N C S R B Q Z K U X X A T B R P M E S N Y D V X
T M G Z Z C Z H Z P R H E F C X T Q T Y M O A R L U T D P Z
S O O Y W B C A U H E E Q K U B Z A L D Q J B J S N K N T C
J R E R H S D N H B Q C C B C O K A E P S N N A T N I A S K
D N R N N P X C K W V Q S L H W Q A O M O Z I T T K J P X J
M E U T N E O E Q A K Q A P E D Z U T H E L G T W T T A H J
D C D R O B B L X Q T L C O Y C E M F T L F M X F W N J X T
N A W L Y P L L E J O D K I L J D F G R U F F J I L G U I G
W T N Q U M M O E F T Y A A B T X U Q O U E R Z I D I U O J
S H H A J K Y R H U K P C G U U H K Z P M Y X H K U Y F H M
J E B W M S Q Z Z O T M I A Q I A O B O S U M L X D Y O Q R
K R L K B A X P H A Z W K Y V O U J M Q P Q T A K L S E P V
N I X D D Z T A W H F B Y A T R A Q X J J O Q N Y H N P Y R
N N G W M R P T G A S A K A P O H J V O X P L T R L C O W Y
W E Q T S C I N M D N X R R T B J X G D Q G Z D S A N E U P
W G B P L R W B O W W J A Q C H Z E C E O L R D A Q Y U J N
A P L O I J O G U B D H V C J X Q H N X Y Z E B Q J Q U S L
L A M A R A U G A H C M O K S X I B K M C U Z A D G V U J Z
B I Q E Q K Q S W U P R Q K N J T Q B R Z I B A U G L I N S
B T X Z J E F A M M C P K M V B Z N Z W P Y R A A K Q J I Z
```

CHAGUARAMAL   MOUNT TABOR   MT. TAMANA   LADY CHANCELLOR

EL CERRO DEL ARIPO   MORNE CATHERINE   SAINT ANN'S PEAK

MAIN RIDGE   EL TUCUCHE   MORNE BLEU

Peaky Mountains

At approximately 3.084 ft. El Cerro Del Aripo is Trinidad's highest mountain peak.

The second highest, El Tucuche (3,072 ft), is located on the Northern range of Trinidad.
Fact: the pyramid shaped mountain was considered sacred to the Amerindians.

Mt. Tamana: is tallest hill on the Central Range Reserve.
Unforgettable experience: witnessing millions of bats flying out of underground caves at dusk.

Mount Tabor, Tunapuna is located above the Mount St. Benedict Monastery (popular tourist attraction).
Hiking Level: Moderate

Main Ridge Forest Reserve, Tobago is a rainforest that is home to many flora and fauna. It is one of the oldest legally protected forest reserve, focused on conservation.

Religious Diversity

```
Q Y Y U R Z E D R F U N K C I L O H T A C N A M O R C C D P
C Q P T G R G M A L S I M J X Y T O U P Z I A X Z M Q U U F
G O F J G M O Z H F U N Z N S T T V J A K A Q M H C L P B B
X Q S U C F I B J A W R T W Z X N J I Z C J F W K T C Q W P
I T E T X X G B D Y S B N A A Z A R E O R P Y K J I W R I A
X C H E V B C W M H E K N A W V H X Y B W P P X L E Z Z N T
O B G W M P H S B N O W F W I O U B O X S U V Y O Y Q S A I
A N H N H V L C H S W A X Y V R T I T V Q X N P A Y J N V U
B H M Q A O D H V H I N D U P F A Q E F B T N V C G G H U J
A Y Y D H R R A R U G E E S H S A F Q L R T O B J E I I S U
J L Q X M B D J N J C A H P S I O G A W P S C T Y O J X S M
X Q N B A J M B D G A W A R W A C T T T G B W S V P D Y Y E
P P C D L H U G B D L F Z R A E W D V S S Z U I K S E G V F
E A F D M P J Z W L B I E Y Q S S N J G X A Z F D S I S Y N
A A C B W U H Q D C Y C C C W T C C L I Z U R F O U T Z C M
F I K O S M W W L D X V Q A Q L L O H S A E J Q A Q W I Q R
T H X B G J S X O X Y D A G N I T K O I S M N T H W U A F C
H S O O R G I W Z A P H P I R U W A L F E Q C W S T M E U N
P K I S K C H G G E P I E L T O A P U D D A C K O I Q N U P
S J E H O V A H S W I T N E S S N Z Z N K O J L M E T I N R
V X E A D Z C T E Z C T T A K A R Y W L V Y O I F H D P Z E
J P B N L D Y S Q R F Q E J W M Y X F V T N F H I X C P A S
C C S T H F U N V P F F C W V N T A O Y P D D C A L D M L B
B B Q I R V V B Y W I W O R M M V R W E I F I N J Z T E Z Y
C S B V S Y J Z A X C Q S N B Y L H B X P B W A C P L A V T
C R N R J U O L H R D T T X T K K N Y C B Z S C F N L P N E
G G E C T S I T N E V D A Y A D H T N E V E S W N N T Z D R
X I C M T L V C U S J J L L B Z A S M B B G Q R N V F H E I
F Y B M O D Y I O P Y C G I S X V L P Q Z P I X P S T B C A
X H A Z Z F L L D F K G F R I J R E K Y D U Z K B X X D G N
```

JEHOVAH'S WITNESS   SEVENTH-DAY ADVENTIST   ROMAN CATHOLIC

PENTECOSTAL   RASTAFARIAN   BOBO SHANTI   BUDDHIST

PRESBYTERIAN   ISLAM   BAPTIST   ANGLICAN   HINDU

Religious Diversity

Trinidad and Tobago is a multi-religious country. Citizens celebrate or take part in each other's culture. This can be seen in special clothing worn on religious days and cooking of their cultural foods.

Christianity is the largest religion in the country: Anglicans, Pentecostals, Presbyterians, and Roman Catholics, etc.
Popular Tourist Attraction: Mount Saint Benedict (The Abbey of Our Lady).
Recommendation: Hike to the top of Mt. Tabor to enjoy mountains surrounded by pine trees.

Hindus are the second largest group, which account for approximately 20%.

Muslims make up **5%** of the country's religious heritage. Both East Indians and Muslims traditions and beliefs came from the indentured labourers in 1845.

Rastafarian and Bobo Shanti migrated from Jamaica. They believe in harmony with nature and are strictly vegetarians.
Fact: They both wear their hair in dreadlocks. However, Bobo Shantis wear turbans on their head.

Shouter Baptist also makes up the religious diversity and a national holiday was given to them to celebrate their customs.

The Jewish community also reside in the country. In 1660, under the Spanish rule, Jews from Suriname settled here.

Mosques, Temples, Churches, and other places of worship can be found everywhere in the country.

Silver Steel Rhythm Bands

```
A T E X O D U S A V O N R E P U S W T T U A P P L W D G G N
D A Q W M P L A A E O U W T W U E L K J B T I K T D B Z J Z
T G Q S B Q C N F I A N E D B Z F G G I S A U S I P S H S Z
T V N J P N O A S M W E O P B O W F A S Y L S B Z H Y E U O
E X F S K F P I Q H E Z S P K R H L G J T J F B S M P T K N
B P P F T T V D R S L N I T Q B M K Z A T A S J J E O M X L
I H J O W B K H Y E K V G W A D W B M P N E R P V C U W H H
J W L R X K K A N V B P G X O C W W S F M X R L U O T I V I
H F Y T L J K X F X L N T F I F V R C K K P F A I T S N K Z
E F O Z V M Q F T F S M A R E U Q K J F A N X J L F O K T Y
M U L A G G C B U L K P P P J B L U P G G F F K A C T V R W
Z E Y T V N V I B B T I E D A V Q E C P B F F G Z M N B V Z
S K F A G V W A F Q O N E Y S Q H C S J R X W V P E P O B Y
X C S Y G Z C S D U F I P H Z R G G S N D C C O Y E D K F V
N K U G B R T S M U S O Y H N X E D X G L Y Y T S L A M M Z
V F G W J K S N R X D E S P E R A D O E S R A T S L L A R W
B F A N Y T G U E Y Q O D I I U L T A W X J F D A S M K B Z
W N D B F A P O X S H Q S A D G C Q D V G M P I Y I Q E D L
V V M P R Y K L N K F O J M G Z Q T A B N H J V E E R X E X
V X O E Z U N S Y X S Q F G A E H W T M G I R D S H I D D L
X D D B C Q P I J Z P O N E P W N U Z A W V G N W A N I I L
U L A I T F Y L O H Y K G M R G I E U L U F A O Z W R H X I
C T T K W G H V J I Y Q U T U I Q G R R E H D J H V Q G H I
C E M Q R U Y E W M H U W U F C D O C O F N N N P J G U U W
X G S P F S V R I P D D U D Z Q B S Q P E E C R J L A Z A K
J X W M V B E S F Z U S G J A F C R X I X K F X V N J O R U
L G H V B C B T C Z O K K Y C U L O Y U W G O W F Z Y N A C
T J D H D Y E A G B H E T H F G T L M Z A P O J C B K Z H S
V O P E N B A R E M H T Z L K K J U I Z V N O H F Q M G N O
X X B W A H X S Z D A V F T L N E D D B R J K E B B S V B Q
```

ALL STARS   SILVER STARS   FONCLARE   SFORTZATA

RENEGADES   INVADERS   SUPERVOVAS   DESPERADOES

EXODUS   PANBERI   STARLIFT

31

Silver Steel Rhythm Bands

The first Panorama competition was held in 1963 and was won by North Stars with the song "Dan is the Man" composed by Mighty Sparrow.

Every year during Carnival season, steelpan competition takes place with over 60-80 bands who enter from preliminaries. Pan yards are filled with the sweet music as pannists practice before the competition begins.

Winston Spree Simmons created the first melody on pan, which carried eight pitches.

The finals take place at the Queens Park Savannah and each steel band is given a calypso piece to perform with strict rules. Panorama Semi-finals are the most popular pan related event where numerous fans and party goers gather to enjoy the performances.

Title Wins:
Desperadoes = 12
Renegades = 11
Trinidad All Stars = 10

Tobago Festivities

```
G N J O N T R S Z X J A W S Q M M W M B P M W A H Q M M P H
D J Q I W N I T E O H T A J C U Q W P D R J Z E X A V V H A
K C H T C Q C W G Y M M V R J H C L H R A B T L Z R R K H H
I P H X P V U I S N N O M P E X B B R K N Z H J Z V C J L X
L E K D L U V G M D I S U G R D N V P C U Z B G D D F F L C
P I B F J I I R D C Z D G S A W P A W O F O A A Z V W A W K
H S C Y V H A U C L X P D D S P X O V R Y X K U F Y S B Y S
D T B Z E J Z G U T W Z H E G F W C S R J F F G E D J Q L C
T L I N E P P O G M Q X S G W Y X L I L Q T Y W L Y H M J C
E N F J S C U X G Y Y O X G B E A J P W V J F Y O X T Y Y O
E X M D A S Q Q T X R I M G S P M G B V E D K E A X F Q O A
D Z A G R R F W Y O C C R B S T Q I B M S B G C O W F Q N Y
N F W B F P B Q X Z B F N Z S F P R T X I M Y M K F Z Z K A
S T V E B G R N Y S G A N V R Z C E F E F V K U U C K Z A D
O R S Z D O G N L E D O G I C O X B T A L Q K L F P Y S B U
E G D D R V X A J E K H W O F K G T T E N O B N Y P Z G F L
Y D O O F E U L B H D O Q H H D G Q D O R E O P J J F T B X
K S H W K Z C X X W E Q B L R E Q L L D B S C G K E K U D F
G M R F J E Y A X U O J Q M V C R R K Z L A D J A I X X X J
N T T N E M A N R U O T G N I H S I F E M A G A X B Y I R R
W D E Y N U F X S T D A L R M Q A O T D T M S O Y S O L B I
C S Z S D O P E D B A S E W E A T T X A U H I O J M R T L S
D F X Q E C F A C W N O P S N A L W T C G Q E U W A O M L N
I M N S C W K K F A L N G Z Q M T G I A D E K Z S M Z F Q F
C J K D I P I Y K O R X H O A N G R Q N G J Q N S Z Z Z Y I
M M N A L S R X B X B W O O F U M A L U E A B X U Q O U N
S S L M A L F S V C B P A F Y C Z D F C R H R T C C P G Q F
W G D X Z D D A Y G C W F R F L C U E R E M M Z M N G Y H Q
P B C V I Q C A T X K V P K C F J U B A H F Y H F G N N B L
L C X L E Z S Y D K Q I L D S D F S B Z A U Y Q T G P U O P
```

TOBAGO OLE TIME WEDDING   REGATTA   GAME FISHING TOURNAMENT

BUCCOO GOAT RACE   ST. PETER'S DAY   TOBAGO HERITAGE

BLUE FOOD   CRAB RACE   GREAT RACE   TOBAGO JAZZ

Tobago Festivities

Tobago Heritage Festival: showcasing many cultural traditions

Length: 2 weeks (mid-July to beginning of August)

Experience: eat some local foods, such as curry crab n' dumplin.

First Saturday of the festival: enjoy the "Tobago Ole Time Wedding", highlighting several customs observed back in the days.

Buccoo Goat Race: enjoy 100-yard goat races and crab races with their jockeys. Bet on your favorites.

Started: Over 80 years ago

Date: Tuesday after Easter

Location: Buccoo and Mt. Pleasant

If you love jazz music, then you would enjoy the Tobago Jazz Festival held in Plymouth, Tobago.

Length: 11 days

Experience: jazz, world beat, salsa, reggae, and many more forms of contemporary music

Must Try: local cuisine

June 29: St. Peter's Day Date: June 29- Celebrated throughout the island with traditional religious services. Thousands of Tobagonians turn out for festivities at the shores and bays of fishing villages to enjoy beach parties, activities, and delectable seafoods.

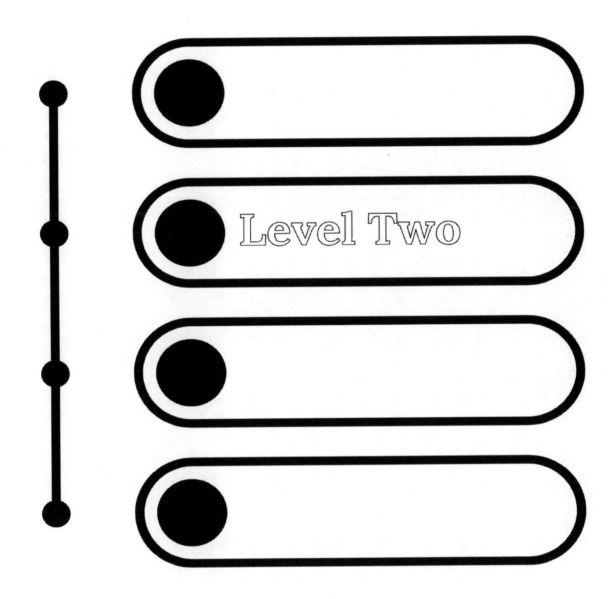

Level Two

Angelical Wings

```
R C H M F T C J I H O O F R X O Z Z Z F K B E X W R E T H K
O W L X A C Z E X I O C M O K D J D D M V J C U H S D B O L
X K J Y X B Y X B M N Q E Q X G H H W W L P I J E O S C B J
L B H B U T F Z V S U N X I Q D A F C B O P N F E R M Z C S
B H N P O S T M A N U D K V C H B P C N W L F Z T K V E Z K
O S T C E D H P N P Y S N A V I L H D K P K L D D Q I E L V
F L B T O Y Y K A M N I Z S K C A K Q M S R Z E W C N U X X
R L Y J T L K F I I R S D L W S U Z E F D Q A J Y P D W W J
R L M K E F Z C O X N Y J U X Q O T T L D Y S A T T N H A Q
O O N A R X K J C T R T N R V I A W I E W L Z K C S R G I
R W Q W C H H P Q L G B E K C V L O H L O H K F G R J O T W
K X N Z M I S K X C A U D D P U L Q O I G E H M H R U A H O
R X C G D B E W P I N W S O L C W T Z U T L T N K X Y Z L G
N L W I N V G S C J S K H C R A N O M Q A E D T J F A N V D
K D S O H R Y H X L X E U Z A A D B R O R E P M E O C S F F
B H V L A L R V D M B N Q N R R N Y F U S C B E M I X C J B
V T L D A A O O X T B B U I L L L G T L M Z J M A N L H P R
A Q V J X W D D L K E P G T K U Y E E X S V W S A C E U D G
C O N F Y G U O R G P E M A P I K T T M F H P A H L O S J E
X R H I G F P T S F B N Y L Y A B F A P A F L H N D F C R V
T G D P W Y E B S M M A R E W O H Q Y Y E P P D K R E L K E
B I M O R E S H C W E H D C Y L Z X N I T A W T S H Y T J M
H Z K E D O V M V D D U I A F E W H G L R J C I K N H I W P
H F T H J C M Z E W L L H B A O L K O J S L B P O N W U B L N
L R A U X E A E A T P C A X P V K N T X I K P C C G M A O J
G H W U V U I P U N F A B G R X H E O N X K B Z G K X N O I
W K I H W V N K S L K X N A K X P B O D A T Q A I S T X J V
D F W T R W A Y V P B Q K E X T T X H Y O I O Z T W Y I I K
C A C Q O D Z C W L K J K W W Y D C C D X A G C N V G X D H
Q L H R B J R X A D J L Y T W A S X V V Y E Y O Y F I Z G B
```

WHITE PEACOCK   SCARLET PEACOCK   MONARCH   ORANGE MAPWING

BLUE MORPHO   PAINTED LADY   GHOST YELLOW   DONKEY EYE

FLAMBEAU   POSTMAN   EMPEROR   JULIETTE   GIANT OWL

Angelical Wings

Over 700 species of butterflies are found in Trinidad and Tobago.

The monarch butterfly is resident to the country and can be seen throughout the year. It is identified by its bright orange and black veins.

Painted Lady: the most popular butterfly found in Trinidad and Tobago.

Donkey Eye Butterfly/Mangrove Buckeye: reddish brown wings with an orange band; has eyespots resembling owl eyes that are used to alarm its predators.

Blue Morpho, is one of the largest butterflies in the world, with wings that spreads from five to eight inches. It can be seen on hiking trails, forested areas and rivers.

If a butterfly visits your home, it brings good news/luck.

Cascading Waterfalls

```
A H X R S J K L N G D A S G L X J W U V J R B A N A Y Q M C
O S Z R E P C T P O R L R A K Y N W E V Q A Q R P V L M J H
S Y Q V P L E G N A I W H A C S V R F I Q S M C O P Z C I P
E P M J F G Y T O T B V G Y M A P O B X K O O C R V L S J W
L L J S I Q W G S H P V N X X N R W Z X A Z E S O G B L X W
J Q O G A V S P R R C U Z Q Z L N A P O V V R Y C S O H S B
G B P Q F W N R U A E Q Q E S U G H M X G H H F L K Y V B N
Q V P Q A V X D R J G T P U E I F X Y X J V B W C G B Q L W
O Y J N F J G I T F J I A S J M W X D U U A I T C C W N M S
A V B V T O R M P C X C P W U Q C F L L I I J M Z G J J H K
X V W K G Z C K I J Y I N G E M O C F Q V B J F A P A D G B
M S C G S I W L O X Q C G A B R A E Z Z U L Q U Y E X O S Q
W T K J W W Y X K K V G Z U W A U D E I I U B U S A E E O Z
Y L O J Q O E G M V Q Q H K D J Z R A E B E S B D A D M J Y
M Z L E H K Q F T M K W N X O Z M Z U M F B P R H M I A L F
D O A K H F M S U Q E R T C K E I P M T A A V O C A T R I A
T J U C N X R B G Q M U H M W K J Y P W F S N U O Z H A A I
K U Q Z G A T J F I P T K N V M Z P H N P I Y Q P H I A T P
V K H H P J C Y U E B T K L Y E N R C U J N S D N U G K A R
X A V H N E Y X A O Q N E P C R Q T K O V R R H W L H E Y N
C P K G V V H U V U F B B R E V H I E L I E Q E I M L T R S
X G C D O R I B D H I K B Q U P P H O I U M T Q R A V B C
H Z A D F D R S Q N Y R S M T O S Q F Y L R I N C O N X X T
M I Z Z G T Y C E K Q W F X V C V N Q C J I G S F A D R F E
S Q C G B W S B K H H M V R O Z F F G Q N O S S A B M O T M
J S U T Y F A Z Y S T G B J U U P I A R Y S H K T B B Y A X
Q H V F B U O R U J A U Z H Z K R B G Z D E R F E U L C I D
O F N B O D W S A G O N G I R N H D R B W C F I G Y A B P I
X R O N K Q L F Q X A W N F O N C Z W R U O H W E Y Q D G K
N Y E J Y M T V V F B N L L N Q S J L O F H F W D L T Y R F
```

MARACAS   AVOCAT   MADAMAS   RINCON   HIGHLAND

TOMBASSON   TURURE WATERSTEPS   RIO SECO   BLUE BASIN

ARGYLE   ANGEL   PARIA   EDITH

Cascading Waterfalls

Trinidad and Tobago boast of over 30 waterfalls.
Recommendation: *contact an approved hiking group to tour these waterfalls.*

Argyle Waterfall, Tobago: the island's highest waterfall is a short (20 minutes) walk from Roxborough village. It's a dramatic three level waterfall at 175ft, cascading into refreshing water.

Rio Seco, Trinidad. Another appealing waterfall is a deep green plunged pool hidden in forest.
Average walk time: 40 minutes.

Turtle Rock, Paria Waterfall is guarded as a strenuous hike.

Approximate Time: 2 ½ hours

Starting Location: Blanchisseuse Spring Bridge.

Easy Hike Option: take a boat to the beach and then hike for 15 minutes to the falls.

Fascinating Encounter: *Turure Watersteps located in Cumaca, is a number of tall limestones varying in height from 50 ft. wide to 25ft high. With each step, a jacuzzi like pool. Rare gem on the island.*

Exploring Deep South

```
W M O R U G A D N R S D F X J L U B F D G W I A Q N U H W G
N G M C I W X D C D W T K Q S C A H W J S I P A V W O Y P E
I I Y Z M Z L B G K I T L H X Z J B V X A L E Q G Y U N H M
N C B I K D Y N S S V G A V M I R U Z I M D K Z O R D W C L
W Q R C O C M B V E S S I G N Y B E A C H F W I N O D R U L
X A V P R N U X I C J X E T O S I K I G O O P C C N D J B D
K I Y F K J A C D X O Y G N Y X G I M Z Z W A U N E Q R R F
Z B H I R G A C X F H L K V P M A Z B J M L X K H L V D U Y
T T U O D D S R L Q J C U T Y G U L F C I T Y M A L L E X N
E V F Q O L I M Y O R X A M G J O D J J H R E Q N Y W K Y G
A D O B T I I X D P V M U E B A L L V W H U F M V T P I B Z
G K B A Y O V R G S J D J M B U T J B O D S R J Q P P X M N
H N Q I N P N F C J E U U O J M S J K I L T Q Z Y P M D W A
G C L H W Z C A S K I A I M Y Q A B V L B C K I O Q Q C I Y
R U R Y N V R H C A E B E L L I V N A R G R A D C K W Q L L
K L G U N X H P V L G I M S Y E Z Z I Y I P X N W K K S B D
R R E A Y J D J L I O N D D O S H K P U K T A B O M N A Z K
W K O N G J S W O L Z V V V Q C A C D C Q C B B H R L W Q H
F I R P N W T Z M L E T D B M H A F I X W S N H W E H I K T
Z G D V G U K X K I O Z D U H I Y C G M M W P I Z S L Q K K
B A O I C T T L R G W S P T M P P R I T U S C L Z B Z A M Z
D O M S H P V S B R S C Q C Y O E G Y O O A J H P J G D Q O
Z K Y V D E Y B Y V S A P P M D R R I R M A E B J T W G N C
E B M K V G M Y D L I F J S T W W A X V T P E L T J T Q O H
Z O W N Q P I T C H L A K E S L X D P G L Y D O E F M L H R
S T Q X I W Z J I Q Q O I X D T M L A I L V S N G H V Y F R
K L W G S A N F E R N A N D O H I L L I P Z R V O R G R D K
M G U U X L Q B D Y G Q Q K V N E N C C J J T C W Y O H G K
O B O C W A N B E U C W B N M N S T B T Z J C N R X L O N D
Y H P K D B P G T M Z X P D S P T O S W A K Q P Q J B Z W W
```

GRANVILLE BEACH   QUINAM BEACH   WILD FOWL TRUST   MORUGA

KNOLLY'S TUNNEL   COLUMBUS BAY   SAN FERNANDO HILL

PIPARO MUD VOLCANO   VESSIGNY BEACH   L'EAU MICHEL MUD VOLCANO

PITCH LAKE   ICACOS   GULF CITY MALL   DIGITY MUD VOLCANO

Exploring Deep South

Mud volcanoes: approximately fifteen of them occupies the southern region of Trinidad. Some are dormant, while others spew warm mud mixed with mineral deposits.

Piparo Mud Volcano (still active): last erupted on February 22, 1997. This event displaced 31 families

Digity Mud Volcano
Location - in the heart of Debe/Penal
Height - approximately 20ft
Description - looks like a giant ant's nest
Myth: It is said that this volcano swallowed up an oil pump years ago!

ENJOY A COOL NATURAL MUD BATH AT THE L'EAU MITCHEL MUD VOLCANO. LOCAL TALE: THE MUD REJUVENATES YOUR SKIN

Columbus Bay
Location: southwest on the island of Trinidad
Length: 4km
Attractions: * Largest coconut estate
  * a small wetland on shore
  * The Three Sisters (caves and rock formations)
Local Legend: Christopher Columbus landed here on his third voyage in 1498.

Icacos
Location: end of the south western peninsula
Description: masses of coconut trees are seen and the main roadway is bordered by two large salt water lagoons.
Fact: on a clear day, you can see the land masses of Venezuela

Pitch Lake
Location: La Brea
Description: covers over 100 acres; approximately 250 ft. deep.
Fact: the world's largest natural deposits of asphalt.
During the rainy season visitors can tour the lake and bathe in the asphalt pools.
Local Claim: high sulfuric water is good for curing skin conditions and joint pain.

Knollys Tunnel
Location: near Rio Claro
Fact: was the longest railway (660ft) tunnel
Dates of Operation: August 20, 1898 to August 30, 1965
Sad News: When the tunnel closed, angry residents of Caparo stoned and blocked the line in protest.
Today: it's a National Heritage Site

POINT-A-PIERRE WILD FOWL TRUST: IDEAL FOR NATURE LOVERS!
Description: encompasses two lakes and is the only eco-tourism site with a boardwalk.
Home for: locally endangered wetland birds
Point of Interest: a small Amerindian Museum
Fact: once known as a petrochemical and oil refinery

42

Fresh Water Species

```
F R Q P J V L M O U Q M Z L X K T N A Y X B C C D M O A B B
Z Y S U K G T P K P X N U S J I J G K Y H S S P E H A D K E
E Z R W N M F S A Y S M V N V C N E D Z Y T G M I R M M V H
D M P X P F B I M A F P C N J Y C J V T P T P D H S Z C K Z
Q G S J F E V Q Q N M C P U H J X L F T Y N Y J S D U H M H
Z U F Z X A N E R C M G R X K B N D Z K N Z Z T Z H S R R T
T Q U O P U F C F U S U N P Z S O R T O I H E C Z I U W S L
R G Y S I C F T I T F B L N O G I E X K O D I Y H M D Z N I
Q R M P X W G D Y L G Z N L T U B Z U T C J C L B W C O C B
W X I J D V P X A A F J U V E V C R E R Y B L U K H Q O R U
Y C L D J U J O Z U C I M X T T W S K D O T B A C I R B S S
G O H A R Y L X F Q D W S O A I S M E O N O M I U R N C Q H
U A U D L X P X H N A A Z H F B Y J H I N X R D T V T M F A
X B X T Y N X V O S G D C R L T C Y M S D F W Y H F U J O N
B O R A C S O C G N I K Q S A L G T Y J D P P D P G U A I J
T S Q T R C N P V A F F B W A V D O J M R M U E E P V T F U
F T G G F X Y Z R M M R T E H C O R B A E E P Y K Y U Z T M
D O M X Q Z E I X A P J V A N V J H M R J W T A V S Z G Q A
K U R F D E Z F G H T G K A C I L S A P M G U N L G N M C R
B T W C W Y Q E K N H P K R D D B N Y D J G C I T G R F A A
K S X I O D C J D P X K Z J Y O E A D E T J B M G I G C C A
F A O X X P N I I G M R A E T B M E U C M K T M Q O F C K V
U R I T A I M S Z M F M J Z A V Z T G G L Q K Z C Q P Q J S
J D O P N S A B A Y S V O E D Z S V Q N Z I C D U S S W H P
O I I A A U V N E H V A K E X V G C N V A N O R I O R U E Y
I N S Z N L Z U H F U S V P Z I D C R K L Z J Q R F Y V S P
L E E R X U I Y J I Q F Y Q V O A G U D B A A B T J W T X F
H E N P S Z S T U U B P M G I Y J O S R L O Y M M S Z P P A
R C C X J T U Y W T W B W H X P J B T O W K O F P T P O T E
R Q M C T C R X O C O D J O O I I S N I F C J C U Z K P N B
```

STOUT SARDINE   PENCIL FISH   ANJUMARA   KING COSCAROB

CASCADU   ZANGEE   TARPON   BROCHET   GUABINE   TETA

GUPPY   MULLET   CATFISH   TILAPIA

43

Fresh Water Species

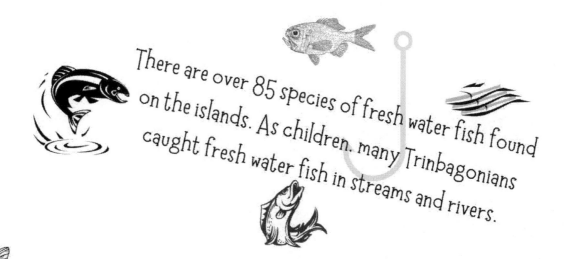

There are over 85 species of fresh water fish found on the islands. As children, many Trinbagonians caught fresh water fish in streams and rivers.

There are 6 distinctive catfish, including the Leopard Spotted Teta found in Trinidad.

Cooking Style: Fried or Curried

Guabine is a small fish (approx. 10cm) found in shallow, muddy edges of rivers. The Jumping Guabine is known as the King of the Main Ridge River in Tobago.

Zangee (water snake/swamp eel)

MYTH

This mysterious creature is said to suck your toes if you are treading barefoot in water.

Governing Our Country

```
O L M P S P E S L E H C K O B K E Z X B H N G J E F M N S Y
J X V A V I D K E R Z B X Z Y U B G Q O I K J R H Q B S A Y
W W Q A X V R E R E G A C P Y G H Q E H C O L H T J M T J O
K D S M X P K S F A L W V I X Q Z M L S G B C R I W D E Q W
L A F D T F A V O B L F W L O N Z P X M B J J A C O Y X K I
Q R N C R F Y T W L D C A B T M O K W D K P X Y H U F X Z A
V P W T W A N N R Y O P S R E Q Y B A T B N O W M G N S P T
S X F O H W H Q K I A M Q I Y Q F H X W T O L U X L P K W Z
Y T N Z D O R C D Z C D O C L Q J P N T J L Z H D Y W C Z F
C I E P D I N A I X N K N N Y L X P R C A Q J T L N Y P C E
R X X N R A T Y S R E B M A H C E G R O E G A E U V U Z V O
U C F P O B B R C S L O M A P O F R X Y T G A D N L R L I U
C J C I O O N K O A E L A O N O C F I C P Y U H R Q E Q V D
C V T N S W R H A S R S E F Z N E H U S Z S M K J W V J B B
M J C V A E A H T D E M S W B J I D O I Y J S S Z S C Y S R
A G V L H O A F A E L K O I X F Z N S Y K M H P L F E X D F
L H L N T J H Z S S B Y E N B A B C G A I G M O I L L V Z Z
K C O W N Y G G Y B S A W E A D M R L X B N L L P R W L T Y
I P L L N O Q B U Y J A Z F W N A E E F K I S U L P S H K A
Z U U H H P S C R E R J N I Y E Y S G C Y Q I H A I H G C O
I I K M N Q U N B W N Y R A L Q A M R R U H D A T V N N I P
S W C B R R K E I T H R O W L E Y M H E O B T E M C F E V X
O I O N O B Y M M B D Z H F Y I N L A L P E X W C A X U J B
P F X L L Y E A T S O U I B O V S E O L K A G G W D P B P U
H Y S H E V U Z H O I R Q O S J O R E U U R L V I R N Z L I
T U S F L Q Z P K L G U R Y J H R J G U X A P M B Y P T B D
C X M F K P T R V M F P H N U E W E K M Q H P T A C H Y V H
B S V U Z G B O Q R C M R R A W R F V L T L L Q T K T N D Q
O Y H Z N G E Q U N F P H Z W M M K R V W U G P X H P O B G
L K B M W E R V B H V T A T B H O J N V J Q B J X T L D R T
```

KAMLA PERSAD-BISSESSAR   PAULA-MAE WEEKES   GEORGE MAXWELL RICHARDS

PATRICK MANNING   QUEEN ELIZABETH   A.N.R. ROBINSON   NOOR HASSANALI

SIR SOLOMON HOCHOY   ANTHONY CARMONA   GEORGE CHAMBERS

SIR ELLIS CLARKE   KEITH ROWLEY   BASDEO PANDAY

45

Governing Our Country

First Prime Minster: Dr. Eric Williams. He was regarded as the Father of Nation and the political leader of the People's National Movement (PNM).

Fifth Prime Minister: The Honourable Basdeo Panday. Led the United National Congress (UNC) and the first of East Indian descent to serve.

First Female Prime Minister: Mrs. Kamla Persad-Bissessar.
She is the political leader of the United National Congress (UNC).

First President: Sir Ellis Clarke. He was also the second and last governor, who was part of the country's transition from a constitutional monarchy to republican.
Fact: awarded a knighthood in 1972 by Queen Elizabeth II.

First Female President: Paula Mae-Weeks was elected as the sixth President.
She is the second female head of state since Queen Elizabeth II.

Seventh Prime Minister: Dr. Keith Rowley is the current Prime Minster and the leader of the People's National Movement (PNM). Profession: Volcanologist. He served in many ministries, including the Ministry of Agriculture, Land and Marine Resources.

Indentured Laborers

```
S K U Q I F Z A I N X D T C M W D O F Y B A A U N M V H P P
C A R L S Q R W F Y A A M T F C B M E V O V F Y R W W N N P
O F I A V K N E I U G I N D H N Q R U Q U V R G V S D E A H
T O O X T U P U W P U F S Y I A E D I J M U C W H L P M A A
J Z F Z M E S J W A U L K U D K J K D N M X M F C J A U S Y
D S Y N M O F O W M C X P Q G Z U X U Z X B I H A R T Q R O
L M P R S E M F B F I N U T T A R P R A D E S H X J K W I B
Y C A P E R O M W O W F I R I R R N G R S E K L H F W P K F
S A P V H V E X W B A I F J V H A P J W G T D W I N X H O I
S B P K X S A R D A M I V G D I F N L G A Y X T M E X G V C
T W Q C G F T L O A U P A R I D B V M A D U D B B N H K F C
R L M B U R E X S B B U T J T B S P U B N U C E H B P I Q B
K A T G G Q H M R R A A G T V X N W M O J T R D F V L A U K
R G C W B Z B F A T E L R A Z A C K F L M T A F A J I H Q J
S E X R L L M K I M M I G R A N T S A I Z Q P T R S M H B C
A Q G G X C J F R W F H V D A N C E S T O R S C I P N U A P
R J Y V M A I O Y Q L N Z M Z C A E Z I T H R Q D O S J W F
Z W F P N M G M H S G N K H R J K V F O L U N L V L N E V A
Y O J C B Q A M A F I G Z T N W E H M N Q E C I U E A S R U
Y V O M V F S C N Q A W E H C A R Y O A N O S L N C L B U I
J D L H R B S Q T P Q J O J W E X D Z U J D Q O A F B T R A
I J C B I K C B G N A R Q P A D E S P G S S D U D C Y Z B M
A K P Y I L A N Z P L D L I N D E N T U R E D O K Y J K Q Q
H N V E Z D P U S X G Z E A S T I N D I A N S L H J B E V C
T C H C I K G Y I N V M V P J N H N L L N B W R S B L A I T
N G B D Z R M I B F C B M B W J E W J M P I F M Z Y P R J T
N K J J K L A Y S J X M B F L O U J Z O C V E O F A V U C N
B B L E G H C V M M K O Y X O H Z P R D W D N Q D G W J Q F
P W M V D Q P T Z C T K D L E R T D W M K M H G U G I F S F
A H I K J B D U I C Q P T I D X K T Q I B J N C O O Y N V A
```

IMMIGRANTS   EAST INDIANS   INDENTURED   MADRAS   FATEL RAZACK

BARRACK HOUSES   UTTER PRADESH   ABOLITION   SUGAR PLANTATIONS

BIHAR   CALCUTTA   LABORERS   SLAVERY   ANCESTORS

Indentured Laborers

1845: laborers voyaged from India to Trinidad on the ship called the Fatel Razack. A total of 227 East Indian passengers (including two infants born on the journey) were on board.

198 men

29 women

This was the first out of over 140,000 East Indians that came during the period of 1845-1917.

1954: the last ship left the West Indies, carrying returning emigrants.

Laborers came from north Indian regions of Bihar and Uttar Pradesh The agriculture and labor immigrants were made of approximately 85% Hindus and 15% Muslims.

Within the first two years, food ration, medical attention, and housing was mandatory for the laborers.

Facts: wooden barrack houses, 12 ft wide contained 8 -10 small single rooms with no privacy. There wasn't any place to cook or washroom facilities (latrines).

Way of Escape: save their pittance from working the fields, purchase land elsewhere.

Indian Arrival Day: May 30, 1994 was declared a public holiday to commemorate the arrival of indentured laborers.

Contribution to the Economy: these laborers worked tediously on the sugar, cocoa, and coconut plantations.

Contribution to the Culture: the East Indians brought with them their traditions, festivities, language, food, music, dance, and fashion.

Today, East Indians are the largest ethnic group in the country.

Legal Time Out

```
T H D S L D C N Z K F M G D B M U G L U Z R C Q L K W X A P
C M T D H H S O C I W E L F V S H T X O P P S P N B C Q N V
Z Q J T P K G P E K G O O D F R I D A Y Y E G T W X O Y Y I
K Q J Q H W M F T R X I E K B U H Z H T C A T W K F G C R V
K Y U M C M Y X Q F L Q Q N K B H S C F L P I E V I X M K G
G L E V A A Q A R U X I K V J Y A D N O I T A P I C N A M E
H I N D E P E N D E N C E D A Y A D G N I X O B G K G C K U
G B P A Y L N O L T N I D E Z O A D H C V S O U J M Y V A P
L X G K H J L S V C S T L E U O D D S O J Y J S P W J J R J
V J W W H W V V A K O I V J L Y R A N A V M B V K A W S Q L
E Z P P I M O Q K R T R T R V Q P B D O M G W V K Y C Q P G
G J K S Z C W W S Z L O P P K J W S P R M T K Z S K Q J E F
U M Z C M U H C W K G N Z U A A Q U E X G R S K I A Q W F P
Y O T U Y K C T A K B C J Y S B J D J I P X E I Z L W M D U
X T A T D A N S B S X Z F A B C L Y Y Y H J F T R V A P S Q
F N R F L E D I D E R A H N S N H A X S L K C W S H L V H E
P J E S D L P L V T A A B T B U T R U C M S U R W A C P I H
W V U B W O K G A R J B E I D U L F I T R S W U L I E B K D
B B W V N K H N L V E P V Y E E J H O S I K A X R R H J O Q
V X M B X X U C Y P I P Y J W N P G U S T R X S H M T G M G
M Y A D C I L B U P E R A B K E N H L S S I I W B E K C S L
F S P L V W N S D Q P M R J H J N R F E E F X P U F J O H F
O V Z B S G L Q R V A H O A B H M C E P J T Z J S N G N Z M
M C A W H J N E R X M A I Z N U A M R V Z P U J A Z O Y O D
H Z B N J C F M Z D G L B B J A V O L A B O U R D A Y Y K K
S B S T W Y A Q B M S U S K Z L I I W H W G R Z A C M W B V
U V S J H A G G I P T E O G K C U D B U G F P T J Q L C X Z
W V T R M S U Q H D O R N G C Y U F N Y K J O Q K J H O I H
R Z R C Q K G V L E D W K C T H C D E I F I T M O A M C F Y
G I Q C Y R Y G A O H X I Q D J V W R M U V N T O G Z L W M
```

INDEPENDENCE DAY   SPIRITUAL BAPTIST DAY   EASTER MONDAY

EMANCIPATION DAY   REPUBLIC DAY   EID-UL-FITR   CORPUS CHRISTI

INDIAN ARRIVAL DAY   CHRISTMAS DAY   DIVALI   LABOUR DAY

BOXING DAY   GOOD FRIDAY   NEW YEAR'S

Legal Time Out

Trinbagonians love a reason to stay home from work and party! Before the year ends, most people are already looking at the new year's public holidays to apply for vacation, including myself.

We look forward to long holiday weekends!

FUN FACT

When the holiday falls on a Sunday, the Monday is given off. Sometimes two holidays fall on the same day.

Carnival Monday and Tuesday aren't public holidays. However, most business are closed on those days. I mean, who wants to work when there is so much excitement on the streets?

Some holidays are spent celebrating the festivities, camping, beach house limes, or flying to Tobago and other countries for a "long needed vacation" with friends and family.

50

Local Restaurants

```
Z C K Z M N N P B W Y N G Q F J B Z U P K M R T W W D A K H
Q R A M Y D O T G M W I N G H U A R E S T A U R A N T V H G
T L A N O U K S A Q A A P G B L G D Z U L X A J Q B I V T S
V Z T B G M O U K E P G D H E R C Z X V F O Z I A G M P J N
F M H L T F B J L O I G H P B B O S D X B E W Z N K Q Z M E
N W E W D N G W N J D B K J O Q T Q E K D D G P H N F Y D Y
V T C T A B A E H G O I A D Y I E M J C Z R Q O S Q F R E H
C H A Z Y S F R X I X G T X U N D E W W V O E B D N B I Z J
P J B K Q W Z R U X M X Z E Y A J U T B E P I V C S T N H C
D K I T Q F U S Y A Y B H V V U H Q P U T M U A B J H H H I
V L N I C F A D G I T F E L T S A C L A Y O R J W I J O O U
V H S Q J H N C X J U S D B T I S I Z U D W C K C W S N G W
V G V W F J T N R H I I E R U S O I B U L G F W P H V O V V
I R V L P V I E I A K H O R A M F Q E B U V E O V K N Y S Y
S K N G R G E S L E B Z T K S G A D H R J Y C M A T U G P N
A S F N E I X U S W S E D K N R J T A K L Q G D U X X D B L
R R O Y Y V H Z S X K R T P G V E J F I W W T Q Z J J Q R K
F C A K P B Q R G P L A O A W B S H I F D F I J K J R Y J B
G Z G F J A P H P Y A G U H L M N L C H V N E H Y I P E Q O
M O Y H C Z E C C S S B J O A O A Y O T U G I J H I Y C O W
E Y V R F P D X X A M O K U H E C R G X A O R F M I S K P T
R I T F C I N J O E N A C S I X S O I I W D Y O G R Z C P
U T F B I O Z J D I A N N E T E A S H O P V D W F E J F W U
F S B S C T K F H S J C Z O P F G J O C S D C R V P T C W W
L Q M A R L D E Z P N H L F P L V C K D M P Q K I R H S W W
I G K U R I R Y M D I M V T W N E M T W K L I T Q B E N A B
U L N R C N E K C I H C D E I R F S Y P P A P Z G I U C C T
C H P K Z O L Z Y O B X Q A K D V A D N U L E N Z N F R X Q
G G Q V U O X Q A D T L L A Y L F M H Q B T B R C A Z Y P T
B X T T D E Z O U R H G Q A Y A X K L U W E G L Z M Z W C U
```

PAPPY'S FRIED CHICKEN   BIRD WATCHER'S RESTAURANT & BAR   MARIO'S PIZZA

WING HUA RESTAURANT   CHOCOLATE BAR CAFE   SEAHORSE INN

HOUSE OF TEA   CHAUD   TASTE OF INDIA   THE CABIN   ROYAL CASTLE

DIANNE TEA SHOP   EL PECOS

Local Restaurants

1968: Royal Castle opens in Port of Spain. The country currently has over 37 locations.

POPULAR ROYAL CASTLE MENU ITEMS:
Fried Chicken
Rotisserie Chicken
Fried Fish
Veggie Burger

Mario's Pizza is the largest pizza franchise in the country. The first restaurant opened in 1972 at the Valpark Shopping Plaza.

Pappy's Fried Chicken is a family-owned business started in 2018, offering a unique twist of fried chicken, shrimp, and fries, all fried in a spicy seasoned oil..

Chocolate Bar Café is a unique café in Santa Cruz. It's the perfect stop for breakfast or lunch and all of the chocolate products on the menu are made locally from **Trinitario Cocoa Beans.**

**Upscale special occasion: Experience a touch of Caribbean flair with modern international cuisine at Chaud Restaurant.
Owner: Chef Khalid Mohammed**

With numerous locations in Trinidad, Wing Hua is famous for its Chinese cuisine. Dine in or take out, but you will definitely be back for more...

There are many cafés and restaurants owned by locals where you can enjoy a variety of cuisines, desserts, and drinks.

Luxury Hotels

```
K X X G Q H N J M B P P V J K U B C T H W I F X H Q W W K M
Y O Y O N Y Y U O A G S N X D J U P O E H P W O G L L E J S
C P M Q Z J Y C U B A S Z T V X L F K G E J F S Y E J S I X
D A D I N I R T N O T L I H Z S Q B Q X C M Y Q S G F V V L
S L S Y Y Z S K T E J W T B T M C F Q F S Y U S N R U K S A
A L J T W A F A I L G V S R U T W B M W E N B G I A G L X I
F B Y Z A P B Z R F W E S U O Y P J L V S F X Z D N H M I D
T F U G W R B Z V D Z J R W D S I R I M U A G P A D V U A M
O A E A T N A S I Y X U K T Y G E Q M J G V X I J C I J W I
C O A Y K G Q R N S X T W U T Q F R C B H U T P W O D Z A M
M C P Y V B B O E V H K T B G A M G A X M N P Z G U W K G Z
B Y K I A C S S B T R J T O M Z Y C A N S Q D X M R F F X G
O O L A J J D P A D R N X S I Z I H A V E K N A J L X U T C
O D G I O R B P Y M L E B B N R J N P D W L T U M A P E N S
N R X X M G S L R Z Q V A A B H R S J P N E A X P N B B N U
S U Q G R V A W E X A Y M T C K N A X C S M R D O S W O W Y
S H Y K N S Z B S Q I B O Y S O K N M H Q A B X G P T G Y W
W K X J F C M F O N N O R S W J L Y I I Y G R M O H A J P L G
A I P T E Z I H R T K C S W V S S E X S B U V G J R M Y T P
U U L F A S A L T S H V D D J C W S T J R D H F E E W T D T
X F U O B O O P H S S S O R X Y T A A B A E R A O S Z X Q Z
X B E O A U E S K T Q N I T A I I J S Q E L T A I O L Z Y Z
Z S X B J W R D O V G H L F Z D P M R K I A P A Y R F R G J
C U T R R A P K P B O I P T R V I W T R A M C E W T L K Z F
H A Y Z P T C X W F S V R Y Z A W S E O G G E H E E R J U Z
M J I D F M N A O C Y P O Z W S T L S C Z I D E C M U U H X
Y D M M O T X A R U J A I M K R N S H O V O K B R L P L O D
B X E V F E E M B V W S U U S T T F J D N M I P V J U B B C
O N E B I K N Z V C P Z S V Z K I F S V X W N Y X A W B K M
Z T R O P I K I S T B E A C H H O T E L A N D R E S O R T A
```

RADISSON   MOUNT IRVINE BAY RESORT   TROPIKIST BEACH HOTEL AND RESORT

LE GRAND COURLAN SPA RESORT   BLUE WATERS INN   MAGDALENA RESORT

BACOLET BEACH CLUB   CASTARA RESORTS   COURTYARD BY MARRIOTT

HYATT REGENCY   ACAJOU   HILTON TRINIDAD   STARFISH TOBAGO

Luxury Hotels

MAGDALENA RESORT, A 4 STAR HOTEL, LOCATED ON THE TOBAGO PLANTATIONS ESTATE.

Hyatt Regency, located in Port of Spain near the Ferry terminal.

 Blue Waters Inn is one of Tobago's best kept secret.

Hilton overlooks the Queen's Park Savannah.

Tropikist Beach and Hotel is a beachfront property located in Crown Point, Tobago.

Courtyard by Marriott, ideal for business or leisure. It is located in downtown Port of Spain, the heart of excitement.

Neighboring Member States of Caricom

```
S D Z T F Y L C O B W Y P H L U F X Y H Y A K V T C V I I N
W D Q G A M W C X E P G N Z P E Q N V T T A Z Y Y G S H C T
D J N P Q D Q D K X G U W L O B U W G M V G X V X Z F N D A
O H R S S Q G V I V N Y V D V D P X H H O O G E V T F I V D
D S R T Y L A T W Q X A H Z H H I O E A Y C G Q X H L C O Q
E B A V H A N A Z V P N C Q C P T I B N T O S W D W K K Q M
K O U I E E D F P U C A H I Q T Z R Q O Q I J V Z C W P O O
G O O N N Z B U Z P Z M C A A G J V Q S E I C Q N O S L U N
L E L C G T U A B U W F D X O M Y U Y Q Z A D Z N A C C I T
S S W E W O L U H R G Z O K O E A P Q J Z S S K V F S Y Z S
E A F N E X G U F A A V U M U Y W J H G W J S V L B F K H E
S M A T G U M W C V M B H G V A W T G G F B T G F A C B Z R
P H A A K L B X N I C A D S R O G B L Y V A K H X D J G N R
V T B N Q I Y H Y V A N S N H E K D Q C A Q I Q J H C Y Y A
N P I D I X S G S E Y Y E D A D N U K S W E T P S E T D E T
C Z K T J R I T O S I J V W I A H A M R O C T Y Q Y Z Q Q I
W Q W H V S U E N K X Z D G T T U B D Q S D S Q A E H F B Z
Q G Z E C C V S U T Q H B V I X I G K A H O A F E B F D N M
W U F G T R M Z M J L M C P J Y V V I K C R N B M M C N V C
M W S R V G B X U J Z Y H A Q I C R E T U I D E R B Q E U I
Z T N E X S S C J D F K Q O M D C A M A N B N L F A L S Z Y
J L E N K O B C B U J K Y Q Q V C T Z F Y A E I G P B K J S
H G R A M S F Y E C Y H S L K Z R I J Q F F V Z M Q M K R W
P M B D L P U N H S U T N T X Z B R W M T T I E R O P S M V
B Q J I M D A L A M A Q L F F F K F Z N S F S I Q L D J R F
L H V N J W T S I E C T Z M S S Z A M N Y S J H H Z J R P F
L Q G E Z N Z U R Z X B V P R K N L W M F S Q Y Z Z N V K F
K E E S V W J E C P W M B T O C T A U H I W G R F K Q R Z Q
S G H D R I E D H P P V W I M R N E L P O U R G Z Z C M V Q
Y N I J P F U V V O L I S E S D A F F Z E Q L E I K W U Z F
```

ST. VINCENT AND THE GRENADINES   SAINT LUCIA   THE BAHAMAS   BELIZE

ANTIGUA AND BARBUDA   ST. KITTS AND NEVIS   SURINAME   GRENADA

GUYANA   MONTSERRAT   JAMAICA   HAITI   BARBADOS   DOMINICA

55

Neighboring Member States of Caricom

1973: Caricom was established by the Treaty of Chaguaramas

Signed By: Barbados, Jamaica, Guyana, and Trinidad & Tobago

Consists of: 20 countries, 15 member states, and 5 associate members

Four main pillars of objectives:
-Economic integration
-Security
-Foreign policy coordination
-Human resource development.

·Caricom citizens benefits:
-Employment opportunities
-Larger markets for export
-Special hotel rates
-Availability of a variety of goods and services

The Bahamas is the most developed Caricom nation and the richest country in the West Indies.

North Coast Beaches

```
F I E G Z O U K J M A R A K E E T B A Y G D J Q N P O O Q B
Z Q Y C T C M Y J E H P M U E V G K H J A T N P T Q Z S L V
N S L H C A E B A N N E S Q L O U R K E E B E D X U B X G G
Z D P D L T Q H A G E N F T O Q N B I W S D N Z E L J X R C
R C N C G N F H O C X P A A W U D P J Y H G W O C I R Y T S
N D T G L R M Q Z Z O J Y I Q C A T G O S H I O G Y Z J Q C
B D D T W E S E A P L P W T R Z D T H G D C C A X A V Q D P
L U R G U U N I S A V E U C S A L E G Q S B I E L K R D X O
I A D T Q N B A M O V A I X U L M P R G J S K F U E Q A T B
X D G R Y I M C E T S U P U C N Q V F P D N C G O R T T P H
K D X Z L L G D O R U P R V U E O D J B P W O Q S R T L O P
V T H Y N P K D O Q V L W Z W P O Q L X J R F H L D L G U N
V U V H X C P E D L Q F W D H W L Z G R E N E K D C R H Y W
O M A D G E M C A J I T A O T W B N U G G S B W C Q L I L N
B N D M X F T T V C M U F G J N L J N I H F T H B Q U Z V I
R N Z D F D X Z Q M R Q H L V X H U O N D C V B U T U V U J
E V B Q R S P K H C E T X C Y X I G L K U Q C N F K C D U S
T V Q U Y E Q U T R V O V F J L B X C L Q Q P R T A Y C S U
C W P D Z R O Y Y K V R Q I E I P P C L A N S E M A R T I N
I Y V Z C O O H N P Q F K I J G Q X F O R E S T P O I N T L
Y J K Z S I S P E T S D E R D N U H C W R U I R C H L D L V
S S X Z Z L D H H J T U M I H G Y V A N F D X A Y B Y A M
L Y Q Z O J D N M U P W J C K I W Y Q Q R B A L A T A B A Y
X F O V F Y W B U J N F R Y I L D O E Q M R E O R L Y V N H
I U J S G I B S I T D U J U I P Y A B S A C A R A M H E H J
G K S U C T C I P N B G J L Y O W M K M L Z R Y O G Z H X U
X H W U H L H W A M G A U B C F G I A T L Y C F L O L U Q W
Z H S Y W N D R T F V X V K G J T A T U T O D V F D U A W P
B Q Y N W Z X V G P Y V D Y A H W Y M F R X R D X S T G J X
X Y B C C K N P R R Z K X X X X R J G E P K F E A X B E A S
```

MARACAS BAY   PARAGON BAY   LAS CUEVAS   FOREST POINT

SENNA BEACH   L'ANSE MARTIN   HUNDRED STEPS   MARAKEET BAY

BALATA BAY   CYRIL BAY   YARRA   TYRICO   MARIANNE

North Coast Beaches

Yarra Beach is regarded for its beauty rather than swimming. However, bathers can enjoy the Yarra River, where it widens, meeting the beach (located after La Fillette)
Challenge Level: Moderate

Hundred Steps Beach
Note: Complete your goal by climbing down and using a rope tied to a tree, as some of the steps are missing.

Forest Point Beach
Known As: Toco's hidden gem
Fact: sea erosions have caused rocks to create pool like jacuzzi, for non-swimmers.

Maracas, Las Cuevas, and Tyrico
Location: Northern Coast
Known As: the most popular beaches for family outings, liming, swimming, relaxation
Famous For: Bake n' Shark

Marakeet Bay is a sheltered beach accessible by a 5-mile hike
Description: scenic view of rocks, sand, and pristine waters
Known For: snorkeling, spear fishing and relaxation

Prominent Cricketers

```
D R A L L O P N O R E I K Y A J K B M E N A K H D Y E V O V
S M Q Z E V H F K M R A G C D E A R W X Z C U E H J G L S C
N R M U L N Z H L B P H I R F S Y I L W S Z U U L N V D V U
G H Y J O R I U T O H T P F W V P A A S N A A U Q S Y J N T
D M B M Q M M T Q U V E X E E C N N W N H A M T S L F T W A
W V A N G J C W N J U A E T I N Y L G X J U J J X F S I Y L
I R A G Y Y C I P A C S R R H X I A G E K G H B Z U I I Z W
Z J X X H K W C X Q T A J B D T L R O X I T D X P A R L U P
A O W S M K K V Q E D S Z U N A M A A L R W W I Y H K G E P
H D K R C A L D X N X Q N Z P E B M Q N U T U F I V C W N P
D C K R X X A A Y H Y L Z O I R R L L N L A Q C W D J W M P
K S U B C D Q V P P B O D S C C Q R E E N I P V I O L I V E
K C H H S U S H U E Q N P C D E W Y A U N O N M K G O M W A
K I S J A M T S Z Q T C K C W F I C E D M D W U A J M X I M
V S D D J X B U M S T G F I A U F R U S Y A L X S R V M N G
I Q I M S L E J F D K E F E Y M L J A G K R S S G W I L B X
G B Q E A R V F D K R H J Y N M B H O E S E Y D I H E V M M
C Y L R E Y E M L L O T S Y E R F F E J L N I Y S M I E A U
G S N V P B Q E J A M O F H B P B C N F M G R P M H M E W R
E P R Y V J I K X C T B J M R Y S X U N H A R L H Y C O T R
C Z C N L C T R N N Q E L T A M H T I P Z N L B Q L M J N W
R Q O D Y B W A V F K C B N V N P S X Y C G J V L G R S P S
N E Q I I J N D V I D I M L O X Y N I D M A R H S E N E D H
K Y U L M R R X X L J Z P L O K W V H A X T U U R O M K C R
T L S L R C Q I O V U B A Z V W I S C Q R W N O V E H J G F
J X S O P P I Q O I B D M W F I N V E V Y S S D X X D P B U
Q I Y N D A P T V P G A Q Q S V G H S U U O P N W B H V N E
Y D G I P M B O N R K R Y T N G Q H C L K H S J M U E Y C R
M R X I Q M H Y P D W R C U S F A V B Z H T D T A J M O G A
Q J H V R B G G Q W P I B Z K J F B H J R L M N M D Q C A Q
```

LENDL SIMMONS   DWAYNE BRAVO   SAMUEL BADREE   MERVYN DILLON

KIERON POLLARD   RAVI RAMPAUL   SUNIL NARINE   LEARIE CONSTANTINE

JEFFREY STOLLMEYER   DENESH RAMDIN   BRIAN LARA   DARREN BRAVO

DAREN GANGA

Prominent Cricketers

Brian Charles Lara: International Trinidadian born cricketer. The greatest batsman of all times with many title records.
Historic Record: In 1994, Mr. Lara held the record for highest individual score in first class cricket with 501 runs; the only quintuple-hundred in history.

Kieron Pollard: all-rounded right-hand batsman.
Knowns As: the captain for the Trinbago Knight Riders in CPL and a victorious cricketer for the Mumbai Indians in Indian Premier League (IPL). He was the first cricketer to play in 500 Twenty20 matches in 2010.

Dwayne Bravo: was the former captain of the West Indies Cricket Team and the Trinbago Knight Riders.
Known As: one of the best death bowlers in T20 cricket and for the variety of lengths that he can bowl.
Singing Sensation: Mr. Bravo released his first single "Champion" in 2016 when West Indies won the World T20.

Jeffrey Stollmeyer: was a former Senator, President of the West Indies Board of Control, Captain of West Indies, and was awarded the Chaconia Gold Medal.

Denesh Ramdin: one of the best right hand wicket keepers
Record Holder: the highest score by West Indies wicket keeper in One Day International (ODI) and the second highest in Test match.
2011: Mr. Ramdin was appointed Trinidad and Tobago's captain.

Reef Adventure, Dive In!

```
P W W S F K X C J Y J Z A U H W S B N F H V E V M F E O U D
L A V B S K C I R E V A M V M C I K D N Z G V K F C E Z W Y
K X P E K I C W C O J A P A N E S E G A R D E N S O N S O T
D R C Q L Z E Q W Z R M L Q V E Y U F Y F M U T R Z D R D H
W E M H T O O B H N P L P A Y A B Q Q E O J A I H J Q C Q K
C F C Z O E H S L L I Q O Y R S L E E P E R Z P C Z C N R X
P D C H G R O K Q N S A F U L D E O I H B R J W X R F G S L
T Z V C N Y O K C Q L S R H E A E E R S D P G D E N H W Q I
E O V N D K X O O A T N W D R S O H D S R G I N O S C G Z I
J E H U M G P E K P J G K T N O G N T T Y Y Q E I O V G V C
J G T U K T K T Y P R K I J P O H I O A X N L Z J Y M A Q G
Z N K S Q Q J A E L Z J C K V L T T X Y C M X N M T L N A J
F Q U Q R Z E Q V J A A L A W W F S D G X E V R M V V F O N
J Y O T N R L Q B W L J D U L L O N E S R C H W O J B Y F T
K W W T Y J G X N H A L A E R B Y B L L T W V T A Y M W F D
J S P W Q W X M Q H R M A K Q G A L G H L K K B I Q T S S E
N S T Y A S N J U X N D A W E U W S Q G Z E R O R L B Y M B
T U Y D D C B U C C O O R E E F K S O V I Q K Y G O Z V M O
E S N Q V V H B Z H S R Z B R N X A H W S V G G C K G K K M
J K M S I A B R Y J V V Z F J D I Y O W S J Z T L Z I Q P K
K I E C O S U F K J A K C L K R S V S T D Q M D O Y H Q F F
S Q G L F W X Y E K L N X A S Z R R O N K W L K O B Z B B
K J F Y B E Z S M E E A F Y J A D N E I X R O V Y E S A J J
E W F D H N K S D S R E T S I S E H T V T D L Y N A J C V R
D I F O U Q B S Q N E E M T A R F X A I I N V L F Z A R H B
G P U I X Q H M Q L E B V B T C R H B S I D U S S Q M X C W
R Y I G Y M Z E D U F K R O P U J F P C I J B O D I F D E I
J W K O L B I M C A Z F O R C D P M Z A T D U E M H M H E G
J A N L K S S C C I J F Z O W F E G K J N P X M W F J N I Q
J M K I E F N B H H I N K S B U K G Z I G E V F V U M H M A
```

ARNOS VALE REEF   MOUNT IRVINE WALL   JAPANESE GARDENS

BLACK JACK HOLE   SLEEPER   KELLESTON DRAIN   DIVER'S DREAM

THE CATHEDRAL   M.V. MAVERICK   BUCCOO REEF   THE SISTERS

COVE REEF   FLYING REEF   BOOKENDS

Reef Adventure, Dive In!

Tobago is the best place to enjoy various diving sites for beginner and professional divers.

Buccoo Reef is one of the largest coral reefs marine ecosystems in Tobago. It is made up of seagrass beds, shallow lagoon and mangrove wetland.

Snorkeler's Beware! The reef was declared a marine risk since 1970 and corals have declined due to bleaching.

Known For: the glass bottom boats

Diver's Dream is for the immediate divers. Its strong current gives you the opportunity to explore a shallow plateau; approximately 36ft.
Description: covered by giant barrel sponges, corals, and large schools of fishes, sharks, turtles, eagle rays, stingrays, and barracudas.

Mount Irvine Wall comprises of the Wall and the Extension.
Depth: a shallow 30ft dive that is close to the shore,
Home To: spiny lobsters, crabs, moray eels and occasional seahorses.
The Extension is a deeper and bigger dive, a massive reef; perfect location to see hawksbill turtles, groupers, cobias, and snappers.

Japanese Gardens
Location: Goat Island
Known For: Grey barrel sponges, electric blue chromis, parrotfish, and queen angelfish.

Maverick Dive Site: is an old ferry car that was intentionally sunk in April 1997 to create an artificial reef.
Length: 35-minute dive
Main Attraction: an oversized grouper name Jacob, who took residence 5 months after the wreck.

Sweet Hand Treats

```
H S P W M V Z J A D O M L P H A F D F T J F V W N D V T L Z
L B B H I Y H Z U G Y X S P J K Q G Y Q T Z T B N I V X Z R
J E O N Q L G U W Z O A C L B W N A U X S N I T T B K V O T
W V T P T Y C R Y X A S B W L H D E X X E S U G A R C A K E
G X O L B C F U U T D Y E S X A M S H A M O S T X E O S M D
A K W E R B H C P I W N U C H O B R Y L D T D M C C L G U J
H Q S C W J T K V K P E T X B P A D F M O E O M V A K B M R
T M W V J O I B Y T S T G R A Z A H N V R K Y O T A K B I W
D K E E H E K K Y F O J P N Z E I U I G E Y U L M X E Y A
C M E W T P E P O E F W G O T Y A A M J R M O Z T U U N O V
R M T Y H X E T B C S K A I Y N E Q M I W A A K S U M N P H
C O B Y P O L D H W P H K K N I V S J C E T M A F I T E K L
Z K R N D A G L A J J Y C F P O F B I E N O P A V A S S A C
W Z E L O O K F A V Y I X Z E L K V J V K L O O T P Q T T I
Z V A L L S G U M B T N N Q V K T V V H A M V U M O F I F Q
R P D E O A W D W X W Q C T L X C G S J G Y D Y K I P C V A
B Q M Q D K B G B T J A K W I D K R T C N J A Y H S R K R N
C O P M C J R E A M T M P T O Z D K Q B E U T F J A R F G K
C U O P M L P L N M K N K W J P O K R Q C J Q Y B I R P Z G
E E L M M C L K I N V O G N A M D E R G D U C R X R D D I R
T T N M P K S D F V E Y J F Z P J T R T S E Z Z C T K K L J
O B U H Q G Z Q W K P B O Y V W F A N W R D W A E C U T D K
A Q L Y W Q N G Z E C E I Y C H L F U F E G X T D D K C T P
V H W Q S M C D D X U R I H R F Z H Y H Z H K Q M Q M J A C
F O B M D I J G K Q K M U G G E I N Z L M L R W R L I H L A
M D Y J D H A N Z F T K N K N O X O M K S E T X Q X C O O H
G K P C Z R U H M X L T B R J G E I W J E Q M D Y F E Z Q E
I U Y I N R B L E H I F I W F Z L P A P N F J E Y Z L F F R
E J G V T Z X V A M R U K S V P X L F L P P V A B F R A L C
L Z T S Y D T E F A S T N I P N X F D Q I I A G P C D N C N
```

CASSAVA PONE   NUT CAKE   TAMARIND BALLS   SWEET BREAD

RED MANGO   PAWPAW BALL   SUGAR CAKE   BENNE STICK

FUDGE   BENNE BALL   PAIMIE   KURMA   TOOLUM

Sweet Hand Treats

CALLING ALL SWEET TOOTH LOVERS!

Delicious sweets can be found at stalls near the beaches, airports, and popular tourist sites in Tobago.

Benne Ball/Stick is a must try, but watch your teeth when eating! It consists of sesame seeds/benne (an African word) mixed with brown sugar. It's crunchy, sweet, and hard, but its unique taste is satisfying.

Sugar cake: colored, spiced coconut that is reduced in a thick sugary syrup, traditionally spooned on banana leaves to cool and harden. A definite sugar rush!

Paimie: a definite favorite! However, the process to make it is tedious, but worthy. It is a traditional sweet, cornmeal desert that is flavored with many spices, raisins, wrapped in individual banana leaves, tied with string, and boiled to perfection.

Grab some of these treats for your friends and family when visiting.

Voices of Soca Music

```
R A N R V J S L D R K K W T N S N B U Q A A D P Y C C K U W
N X K P G T K E J N L V V X A N B N R M A X H I T K D Q Q A
X J B E W G I S R T S A N H I E J N W F P Z H I P S P T H I
P L B V S K P C U G L X A T E H S V F J L R T Q K K J P Z T
Z B S U T T I Y N P C T D R I C T M L A Q P Y Q J D S S D R
U X B O N H H O I Q E N I M P D Q A C I Y Y B I J G V D D S
C M T G N J R E R Y T R A J L V N C Z H B A B R T P V W E Y
L S Y Q Z U I E B C F C B N V V L H E U S X N A C V Q G B Q
I V Y S I V C G L A V P A L F A S E Q S R Q K N A J R D K P
J T J T E N G P A F N D T A U Y F L J Z D X Z P L A B U L W
J N V O M U Q W X R S D S M V E V M A Q U J D C H Y M U M V
Q E I O S Q F O X V L O O S F S H O R P Q B F I D B O N R P
S Z O I I T B Y P Y Q I N U R Z Z N R S E G D N Y H I N D H
E Y L I Y C R A R G F K N T E C Y T F U J K D M Q T S W S X
H B S Q Y E E E Q O M G C G W X F A K Z A V R O S R D H Y M
C E Y E J T I D B U R L L A I I D N E D Z Z E I S P Y U Q T
S C L M S I Y A Z O R N E E H M A O Y X P Z U C Q B K X J I
D W E A I O W G U C R C Q S H G M U G F U W R F B Y O G C J
Y H G H C U R O G T E E B N N N N D Z B W T K F U W N Y H Q
O J K H O I T O V R W P C B O M N E E Y E H B C O M Z H K S
D Y Z Y M B R G S V I J J I P A D S X S T M L H Z V P Y Y K
O S O Q I K M Y I P I C X S R R C O N X T G U W V N I B W K
Z I Q O U B F U L L Y W P W Y T S V G X U R O Y V Z U P P U
R F I Y Q W Y S A U V L J I T F A R M E R N A P P Y O D U X
Y S B F B L A G I G U F A U H U C P R P L D F G P A S O S Q
W T G I M F Z D W Z E S H C S T P C Q W Q D S A S O A W B
B N Q L Z F L N C S O J C Y Z L Y Q I W E R G E O R G E I S
F J M D Z R U Q C R P J B H F D L M T V N Y S G N K C G Y W
C P Q H L H B U N W S Q L G W K Y S N M Y P R K H C S I Q F
M A H S S M Z H J U C X H P I W R A O Z I U U H R U W H A F
```

CALYPSO ROSE   MACHEL MONTANO   PATRICE ROBERTS   FAYE-ANN LYONS

BLAXX   VOICE   BUNJI GARLIN   LYRICAL   SUPER BLUE   IWER GEORGE

DESTRA GARCIA   NADIA BATSON   FARMER NAPPY   KES THE BAND

Voices of Soca Music

 Soca = (So)ul of (Ca)lypso was invented by calypsonian, Lord Shorty.

 **Power Soca is an up-tempo, fast paced rhythm that are more appealing to the younger generation and party-goers.**

 Superblue was known for the most Power Soca performances in 1991 with his hit song "Get Something and Wave."

King of Soca is no other than Machel Montano. Known for his high energy and unpredictable stage performance and is one of the most popular Soca artiste in the world.

 Groovy Soca is a slower tempo that started in 1990 by Robin Imamshah's composition "Frenchman".

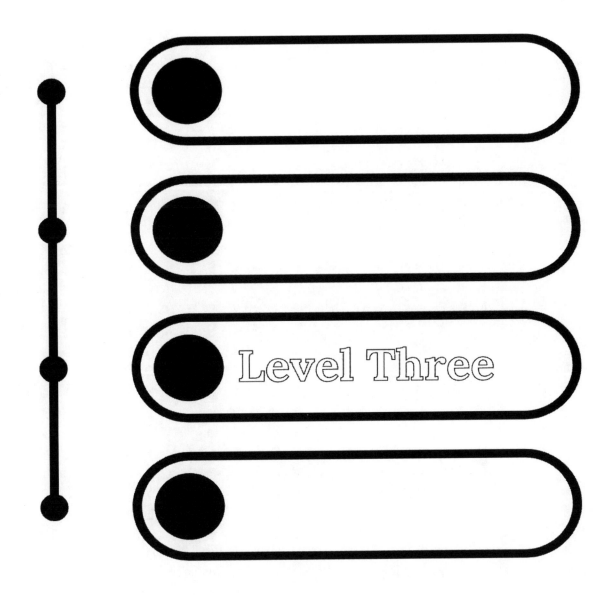

Level Three

Amerindian Named Settlements

```
O Y F L H R N O A M F G Q Z M I I X S C E F X I K L Q Z O T
R T J P O L X T P G C S P I F C R M D W A W W F C V O L Y O
C Y N J X R B Q S I A F E P R B X W D N P D N J C E Y F B G A
S R K O U A O N X B R R Q N R K K G T V V T H O A K S H A G
K S L T L D S P U B A A U J G N N J P A S F T P Z C X Y Z W
C A A H G S H U O I P V A A C S P N N D W W X B X T Y F C U
R M G N U U I H K U I F U I C R O B H U B A L T N J L M V P
J J F C A P S O W C C T N O E V X Y U F Y C H J H C W U M I
F W E W I U Q O T Q H H W V C K J L X F O V D X O C J N Q Q
J Q U G C H G J S H A K E X M D V D R S C V G F C S Y R T Y
F N E D O W G A O L I D Q W H X M A T H N X X O Y M Z V P N
A Y Y B Q L V U H R M X B Z B B L M B D A D K U T J R G A Z
I L X T D S H A A C A R O N I B F J Y J Z P K V L M W K R Z
B K B I X M W H I Y U Y J V E F N L R N B U V A Y P E J I L
V Z X K A A X Y J P A A A X L X E E H G M Q M D C T B Q A E
J F V M F M I L Q I V G O M O Y J C H K J G B C M U O B R R
P O C W S Z U S P L O Z U J U K K T N T S O M J A I O E I A
K P V Z N Q G H H U S I S A E C F H L J W R F D U T L R M B
P K U W A A N A M A T M T J Y B U Y V J Z E W Q A N B E A N
V J L K V C D Q N O D S H J T A D R M J W J L P E M U S S G
J V Z M K D G H R P L A M Y V D R P A Z M T G D O C W H G B
Q Z H W I C V G L L U W J I V D V E P P X E G M V Q H M N F
R G J L G K Y J V Q H W Y J P W Y H G W O I Y Z C O C Z N G
U C T U M B I W S Q N Y V K T D Z Y Q V P E P C B C O C I I
H T F A U G I R A C A T O B N I Q K E L L V I X T Q A H T P
F I R B B M Z U M B Z Q J C N H D X I I F U A K N K V W H L
V W I Z H T I T Z Q K V O D F S Q S B F A R J C W R Q B R P
D U Q R G Q E K K I B L F B X P O H C G D B L V U V A L Y B
M J X V L D M F L L B U Z G M Z D G R T Y J F S U W E B Y O
H F Q O X P N S H F B B O R W C S P E D N Z C A N W W I X E
```

CHAGUANAS   CARAPICHAIMA   GUAYAGUAYARE   CARONI

COUVA   AROUCA   MAYARO   GUAICO   OROPOUCHE   TACARIGUA

MACURAPO   TAMANA   PARIA   CUARA   ARIPO   ARIMA

69

Amerindian Named Settlements

Amerindians are an indigenous tribe that evolved their own civilization. Some of the tribes' names were: Arauca, Yaoi, Chaima, Kalipuna. They have existed in Trinidad for over 6,000 years and numbered at least 40,000 before the Spanish settlement.

Famous Amerindian cuisine consists of cassava bread, corn pastelles, cocoa, warap, and barbecue wild meat.

The Santa Rosa Carib Community are the last remaining identity of the Amerindian way of life.

There are two towns that celebrates the oldest festivals: The Santa Rosa Festival in Arima and the La Divine Pastora in Siparia.

Constitutional Framework

```
G P F Y V S J T F H A Q R G T V G Y N M A U R E T I D J M F
F F F C D T Y N P A D C B Y P T B B S C K B P E C O T D T U
R D Q L G R M L Y J M W S O E B U N S T A U O G G V J P T I
X E D L R X C G B U E M A H G W M O B C R W P N C S Y H A G
P M K Q J V U G G M X B T E V E M A K H E B C Z C B C J N P
T O P L G R H X L G E M Z T C K N N G D X K Q A K M S X W A
F C O K N V E Q A C N S O Z S T O K B A L X K V O N C Q R S
I R O L N O I T U T I T S N O C E I M F H H X N G R V D M E
K A D U S R I E S A E P P A A N E N H K O Y Q D Q Z R A L J
C T J H N V V T Q I R N A K F R K D U N E C W E R W Z C V Z
S I N L B C Q V I J N M I K Z O C H E A W U U R L B U X V C
J C Y E E S I G J S U I N B H P E H J T Z A I B K H C D N J
D M S N M F V L S E O E M P A F V S Y H B N E R L Y T E P D
U Q E D V A R S L Z X P C E J C F M U D U Q F L Q S J E I K
I R Z X Z Y I I H O U R P A M A Y D Q O I T J C W O P L P Z
L D N E B U D L D B R U D O T I Q S P D H M F R W I H J G E
Z M P C E J O T R A A S B E P P R A N O O V R P L S K B P M
G S H A Z C V P N A U C M O B R C P B H Y U R S U K N G C J
U B T N E D I S E R P S A A B U K L U Z B R N O V N K N D T
Z L V B K T W U D Y L K R N V Z O F W A D W N A O Z G V A S
M U C O O U H E H G B A Y N D V I O N F U J J X W H U G Q H
X E E R U I V V E N G H F I R I T E X Q H E M G M R H T I A
T P M W T I V G L Y G L S G U S D P V I A G W H D D F T B B
W M K G T F U O E F G D K P K S Q A K B I B G J V Z S B V M
Y H L E O J Z B C Z U R J M W W Y N T T G M L R K U V T Y R
X Z N K T A Z H T T C C Z M Q T Q P M E Z N G B K S N R C G
S M A S Q A N X I M T F S Y U G V M C O S C I L B U P E R L
T U F D W F N T O P Y A I B J R M O M U K N X T G S M L O V
M Y P C M K L E N Q F C B G V S B E N G H Y C T O R Q U G V
L A Y H Q D B P S V E T J V J G U Y H F S Q V G J V G O H V
```

CANDIDATES   PRIME MINISTER   HOUSE OF ASSEMBLY   CONSTITUTION

COUNCILLORS   OPPOSITION   PARLIAMENT   DEMOCRATIC   PRESIDENT

VOTING   MONARCH   REPUBLIC   CABINET   ELECTIONS   SENATE

Constitutional Framework

The President

Head of State and Commander in Chief of the Armed Forces

Tenure: five-year term

Elected by: majority in the combined houses of Parliament

Prime Minster: Head of Government

Parliament:

41 member representatives

31 member senates = **16** (appointed by advice from the Prime Minister)

6 (by the Opposition Leader)

9 (by the President)

Tobago House of Assembly

12 elected members = **3** (appointed by the advice from the Chief Secretary)

1 (on the advice of the minority leader)

There are several political parties. However, votes are mainly divided by the United National Congress (UNC) and the People's National Movement (PNM). The PNM have dominated the politics since the country gained independence.

Voting Eligibility: voters must be 18 years and over and a citizen of Trinidad and Tobago.

Eid-Ul-Fitr

```
W A I P Q H D B H V N F Z M V A J E K T S F X Q N I N T M Q
L A V S X A S C O L Q D V A Y T Y O O R R C Z X C T J G H G
B R N U L C K P B T A Z P I E G O V N B S K I N G Y C W X W
P Z F R I Z D H Q P D F W Y W V I D X P K X H Y Q W M V L B
Z T W H K Z X E L F E R S Z Q Z C T E T H M C M J J T H N J
T O Y L F C K Z O K X F D C C B T Y O M V V U W D L H F T K
U O W Y E C I C L Y C Z D L V K U X R G X Z I A D G R Y V X
K P H C Q E S F K H H N V K U Q V H H R L M S W W S Q X T X
Y M T A O A N N T Q F K L W V P A Q H Q X E H R G M G N H A
K O O K E L C Z C A G J K W T P F F Y M T A A L A S Z N M T
V F Y M Q X Q V X M R U P M T R P M A S J I D T G O Z M S T
L D T C B J N I C Q L O P Y P O F Y Q F K S D I C H W R L Y
O F D E E J O T O L F N K F F P B M N A R U Q Y L O H K J Q
Q Z Q C R L W Y P C F O T B C H R I I S L A M J R A W W W O
R J M L F W H C P G J X K T W E C I I T C N P B O J M E K Q
Q R T D J D Y K I Y V V F G L T U T E I I M C N S R E F D Q
S Q D J S U G F H C L V U X D M P Q C N J U Q B J A F J O I
M T J V L B M W Z O N I M V N U A R S G R D V J S M W N G L
N O A Q N L S M A B B Z D V I H N V Y O G D K L W A E F G Z
Y H H W L Q V W A U E F K X U A K L L Z M Q I C T D W E W L
U E P G Z W P F E H Y D A T Z M H P V C U I J L I A D I L J
R G E M T G J J B N P P H P E M D B F N E N L S T N M N N Y
Z X N J D L H F V G U E X J G A N S M Z M S Q S A E J R I E
Y T F L J Y D T I S I Q D N B D T A X J M A E A U W J U X U
E E Y R H T A N H Y R M R P O V R A T D O M O L T M X D M A
V A L P S H T B Q S Y K B G O N Q G K I Q G O A O O Z D M M
J G O Z L W Z M R H L P G S T U A L L A H D G Q D O I O H J
Z G V T W H N F D W V S Q U D Z U M M B Z C B O J N G K H G
W H N I F S K G X B B X X Q W P C J J C N J T O G Q D H E P
K L E W F X I P I A R R H J L X O P R G A N T W I W L S B S
```

FASTING   MALIDA   MOSQUE   JUMMAH   MUSLIM   SAWINE

NEW MOON   RAMADAN   HOLY QUR'AN   PROPHET MUHAMMAD

IFTAR   SALAAT   ZAKAT   ISLAM   ALLAH   MASQID

Eid-Ul-Fitr

1984: Eid-Ul-Fitr was proclaimed a public holiday, but was first celebrated in 1985 by the Muslim communities.

Ramadan is the 9th month in the Islamic calendar and begins when the month of Shaban ends.

During the month of Ramadan, Muslims fast from dawn to sunset. The meal that is used to break the fast is called Iftar.

Eid-Ul-Fitr marks the end of Ramadan and Eid prayers (Salaat) are recited at Mosques. Zakat (charity) are given to the homeless.

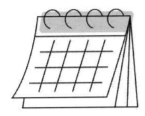

Friends and families are invited to their homes to partake in delicious traditional meals and sweets such as Sawine and Malida.

Endangered Species

```
X T P H S I F R E B B O R Y L A U M W G I G N R T X P J U E
F G E N C J G U E F C P N Q H N X U G H O M P J K S R I X B
Q Z S S V D Q B Y P R X B S T E R E R Q J R U J Y B V M Q B
F P K F W Q X X T H U G Q L V P B S L E A G Z P T W J G F E
C V P M K R A H S E S O N R E G G A D K I Q G X C G H C J Q
D B Q G Y E R N D X L R R H S I F W A S H T O O T E G R A L
L V I O C X E C C M G T S G C Q U K T U H O U S A T D N A M
L A Y L R R J R K K Q Z R H U H J S F D O U R P G P B D H W
X U M D P V P L T S L C A U C A I T Y Z A A C N M Y K E B U
H A B E K U G T D Y W W R F T U S K O Q N K D L C A G W D O
O G R N R B E R L J N Y I G R L B S S V P M Q B O O S M A K
Q E X T O I P Q X Y G A N M H Y L I A D I Q E M W Y R A G L
U E T R O I C U F D K E G F Z D L I D N M G V B F Q R A V Y
P X K E U Z A A P Z V X Q O A P G V B H T P T M I J D J L N
G W Y E V M Y M N F C H D C H W W K W S T Z G D S U B X T B
Q E P F C E X W M E K M E Y E A X C Y I K B U S H M Z P S Y
Z Y P R D A T A T W E U T O W D M H B D D W K K F V H K Q O
A F L O B K N P A W H L N I Z U D N W L S E A Z Z W W K V M
D O B G V A V E P Z M A U P T T U I A S B L S H P X K Y L L
S F F G X Q Z T N W Y N U Z C W O A I I C D N A H U T J P K
F R V O R Y E T T H X V Q D U F T B Q Q D V L U W Y B R C C
W K Y I B I E D A D N D S Y K I Q N N Q Z N M Y E F I E B P
H I H D E B E R D Y I E L T R U T N E E R G I A G U I D W Y
B N S K N D D H S M I W F D F W V C S F B K B T E O X S X H
B X I J Z X M T L R P P A D Z E J Q M W D I A H S D E I H F
E V A J S P Z R T T R Q V P H G G V U R N J J B Y E X S Z V
K N L W N I Y W J J Z G S U V N L Z U G T F P G B M W K G S
N Q P W W O C U G G E L T R U T K C A B R E H T A E L I U D
M S C R O P A J Y C V Z K I Q A Z S S C M Y B A K J N N C K
B V Q J H L G G I N T E Z W B L Y Y B O C L Y U P P Q O M H
```

DAGGERNOSE SHARK   LEATHERBACK TURTLE   WEST INDIAN MAHOGANY TREE

LARGETOOTH SAWFISH   PAWI   ELKHORN CORAL   HAWKSBILL TURTLE

WIDE SAWFISH   GOLDEN TREE FROG   NASSAU GROUPER   ROBBER FISH

GREEN TURTLE   COWFISH   AMERICAN EEL   RED SISKIN

Endangered Species

The Conservation of Wildlife Act of Trinidad and Tobago requires special permits to be obtained for hunting, research, and zoological purposes.

A State Game License or permit allows for hunting particular animals during October 1 to February 28.

INTERNATIONAL COASTAL CLEANUP: ORGANIZED BY MANY VOLUNTEER GROUPS AND COMPANIES. AIM: REDUCE TRASH AT UNDERWATER SITES, RIVERS, AND BEACHES.

- Initiatives implemented to save endangered species:
  - Creation of protected areas
  - Increased public awareness
  - Captive breeding and reintroduction

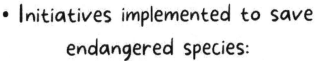

Of the list of endangered species recorded, over half of them live in the ocean.

Main threats: Unsustainable fishing practices, coastal development, and water pollution.

Festival of Lights

```
W B U N T P I M A L X S U U D M L S K H Z S T E C I G K R A
O O N E G U V U N N A K Q T X T K X Q R J S L L D H K E P T
R T F A S T I N G G J W P D B I Q R F S J G B P Z W E N U Q
O C I B S E Y H I F D F L J A N R O A K W Y N P F R I Y M P
C Y B C I V I I R L L X S S T P Y G C W G V E D D Q C U W W
X B A I U L P C R Z H Z U K E L C L Z D L Y X N E Z U H I U
E P G Q B H A J A N S E O U M Y P U P H J A P X I J V J G K
O J N C G D N V G C G M E R Y S I O U G H U H X S J I Z R G
V W N K S D C B I I I H F T A K D Z A S J M S S P I I R X H
C N W B T S O Y L D A L X A O J U A I X W S V S T B L V K X
X V P B O P P D W R G O E P B V O F M U G B W X O I L Z L K
K S E U O I R B S Z X R T D L X E O N B Y E H Y P Y N S I M
Z M B V B W B V W V S D U M P P B D P E L C Q L O W G D A F
E C X A K N U O S D X V P Z Y V F B A H A R C Z G K Y A I A
U Q N J D G P W E X W I U P A A W U R P T J O L I R B P I Y
C Y T I R E P S O R P S U D D I M H S K A L R E H T O M M O
F L S B P F Y Y V J Q H M P D D S K A I D W B U K B P U S V
K T G L A Z K A Y N V N C R L A W J D C H U G R L T V K X W
I K O O B E N G S F A U O G D H X X G U M H A H R C P D I V
D Q F X Q E W L F W F Q U O A M G I O T Q W G W T T Q F W K
F N C G M A E S Z W F U Z O P P T G V S L E G X Q Q D G K L
R G I B Y I Q A K E A H P H L X P E C P I M N V I C I D G R
J V P O E A H N U C R I A E G L P M H L U T M L V C W D X L
T T L S R L Z Z R B K N Q M S R C E L L F I W N V N V A T B
L R O Q E I P E F V X D A N X W H G P V F Q L C A G U G F F
Y Y H X W C O M T R I U M P H W R D M B N I H E Q Y B J V M
Z A Y D V H V L E N F S L G I D V S F X X G M M N F X M S F
Q F N F Y O D W Z T M N P I S Z Z E G S F K S I G H A T A O
S J Z Z V E H C D V L U X Y G M M A C K C P P G O L N N B W
Q P D U U L O P W K L D Q I N H Y E E G T O N K J P G J C J
```

DEVOTEE   BHAJANS   TEMPLE   SHALWAR   TRIUMPH   FASTING

DELICACIES   LORD VISHNU   PROSPERITY   MOTHER LAKSHMI

DIVALI   POOJA   HINDUS   KURTA   DEYAS   PARSAD

Festival of Lights

Divali (Festival of Lights), is celebrated by the Hindu Community on the darkest night in the month of Kartik (October or November). It signifies light over darkness; good over evil, and new beginnings.

 Hindus fast from meat during this time.

Deyas (small clay pots, filled with oil and wick) are lit and placed all over homes, streets, empty spaces, and on bamboo stalks bent into various patterns.

The Divali Nagar is a nine night exhibition that showcase all aspects of the Indian culture. Here you can enjoy delicious foods such as pepper roti, purchase clothing and other merchandise, and enjoy live performances each night. The last night ends the night before Divali with a huge fireworks display.

Friends and families are invited to Hindu homes after 6pm, when pooja (prayers) are completed.

Gems of Trinidad

```
S E G U W C W Y J G J G M O H Z I Z G H Y Q M O A X I C L D
I H O Q N R V C R O T O C O L I G H T H O U S E A C C B M S
N N C U M A C A C A V E I K U Z K B F D D V Y G U A F J C N
G R U K K K W L E S U M E N P N X R R Z Z Z P J P I B C V U
Y L E P I T W D M P I T H E Z Q T H N T C N C X H B T I P T
I F Z V L L V Y R A Y E C N Q E F S W G A D X F R W D X Z J
H A N N A V A S K R A P S N E E U Q T Z E V U C Z K B X A S
Y C M B U R L W G Z E X B J A I G R C B V D S P G O Z S T P
G Q B X D N P E H K G I F H F S V D F F E X V T X R C J B L
F M I S C E S F T I E L D J Q R D L J G J N A H Z X Z X E U
S O C L E Y C J G M E W K L X D J R T S I F E Z O L O J Z X
Z Q R X U G Z V Q H I D Z U V F I D I J M S X D W I M B K K
G E J T W D C Z C U X A A E N V G L F B D T V X I T G L E R
U X J I A Y T E T K C F Y C G R R S X F I Y Y B N C O H M Y
P X B Y C B M P T R I B Q B V R Q I D A E N I H K F T X P R
P E E L P M E T N A M U N A H H O C J J V B O E Q V M G E G
E G I L O F I R O R T S V E R T N E C T H G I R W A S A R N
O C T W P W L R C W T S F C V J Q T G J Z I X T A L W S O L
B S A B L M D I U R N S E S Y U P E Q T P J B O F C M P R F
C R M D E V O C N T O P Z A Z Y E A E P R W S H U J G A V L
K U A B C T R C R M N M R Z G A M B A M M O V U W Q H R A V
D R N S P E T P T W M A B K G E Z Y R R B T F X M F L E L K
Y U A B T J D E S O T R V Y I B V A A O Q K X Z A T X E L B
N D B V O S J U R W N L W Z G F U A H V H W H U Q W C C E D
D N A Y P K Y U B R B I G V R A J B L K Q F V U Z Z V A Y P
J X T O G S F V G E E L P M E T O O L R E T A W P Q U V Z R
D P C A B T F K B W K Y K O W C U K T H R L Y B S L E E O O
R S A Y J K J O E T J T S H L P T G E E Q D G D J K Z S O K
V W V P U P C C H J P R J Z M C R T P V V A H B D W Q S Z V
K C E F M K H S H Y Z I W H D Q S Z P J K K B B F J N I X Y
```

CARONI BIRD SANCTUARY   QUEEN'S PARK SAVANNAH   YERRETTE

EMPEROR VALLEY ZOO   WATERLOO TEMPLE   LOPINOT COMPLEX

FORT ABERCROMBY   GASPAREE CAVES   TAMANA BAT CAVE

TOCO LIGHTHOUSE   ASA WRIGHT CENTRE   HANUMAN TEMPLE   FORT GEORGE

MOUNT ST. BENEDICT   CUMACA CAVE   LA VEGA ESTATE

Gems of Trinidad

Asa Wright Centre is a nature resort
Location: located in the lush forest and is the most popular center for
bird watching. There is a wide diversity of plants and animals.

Gasparee Caves
Location: Gasparee Island off Chaguaramas
Legend Has It: the caves are a natural limestone created by millions of years
of waves action and slight acid rain.
Largest Cave: Blue Grotto

Waterloo Temple
Location: off the coast of the Gulf of Paria
Built: 1947 by indentured laborer, Sewdass Sadhu
Fact: in 1994, the government helped finished the temple to commemorate the
150th anniversary of the arrivals of Indians.

Lopinot House
Built: 1806
Named After: French estate owner, Charles Joseph Count de Lopinot.
Fact: it is one of the last remaining structures of the La Reconnaissance
Estate where enslaved Africans and indentured Indians cultivated cocoa

Queen's Park Savannah
Once Known As: the world's largest traffic round-about
Length: approximately 260 acres
Popular Spot For: carnival events, street foods, sporting activities,
and causal walks

Mango Feast

```
Z H S T X O S H T Z I P K C Q L N G E O R N D F U E F D N H
Y A C D W I L S V Q R F N U R G M T N X N Q V E V M L F L P
K F X R R R Z E T Y U X F K O V O I W A M Z I J I F R N M K
M F R M A N W H S E P I X C Z H Q X Q X P B L G Y A E Y U E
G C E L U T R B V N Y Y P O J A E K Y X J F J N X X W S V F
M I Q N F C S A C V W U J G P O A F T E N P O U N D N P A Y
T B L S X G E X J H Y K S I B M X M M O H G W A Q H Z A W I
D D U P V B W K Q E Q X P D O H F L F M D M D Z K Z V T O Q
J S T S W Y Q P K R N L J W S S L P U C E D W H S E R H R B
F I S V A H Y I X T D I L L S P O A U E X N J X I E N T H Q
A A T R V U I W I W Z U T O N S C K Q V M W S M D R B N R W
W Q R T N B A H X Q H S V N H C A H M E D A U E O W X D E J
L A C K A G J S U E H W V G E D J L R J L H U U T E W K H W
D D J Q U U A G D B S O T M Q P O T T I M Q E W T Z O C P U
W Z P Z T H E K O H S R D A Y E R E V U M C W E D M B H F R
H Y P P P V N N C X V U N V D A U A E C A F I R I H J O E
E K A Z I T R J K A D J F G N V K J T T U I H M E V E T V M
B C F K Q B T G E C U O D O O D A L Q B L D Z A K R T E D M
K U E E K Z P G Y A R H F H W G Z M O Z M M A E R C E C I E
E L X U B B L N S P X U L N L M V Z Z X T I X P I G B M X W
K J D T O Y Y H T B V I Z V T I B L U S F Q I R X L W U K S
J E O X O F L M O O W Z H A I Z P L O E M C G C Y T U N M F
Y H L I X N T L N H K C X I E S E Q N Z C J J Y C H P J C V
J F H M O M S M E D R E U H X P I Q L M S N X M B V A I N B
X R A A G R O P E B S N A A H T W A D O T K C Y G J P M V E
R O I R D C S R I Y B N E H S M S B J Q C T C N R G W C Q P
R F H S A B A L A C R O S E K N V C Q J C T U I R D N Q C X
O E B M S D R F U B E S E W K Y N D A H P Z H N L O C M M B
G P K N I D E C Y Y A F P M M S E L S C I C I W Z S G Y K S
D E X B E F I C R I D Q A X V Z V U G G E Q H E A S U X R V
```

TEN POUND   ICE CREAM   DOO-DOUCE   TURPENTINE   CALABASH

GRAHAM   BELLY-BEF   CUTLASS   BUXTON SPICE   DONKEY STONE   STARCH

LONG MANGO   BREAD   VERE   JULIE   ROSE

Mango Feast

Everyone has their unique way of eating a mango, but it is mostly enjoyed by softening the fruit and sucking the pulp by the bucket full.

Starch

Julie

The Mango Festival is an event held in April, to showcase mango inspired products, awareness, and competitions to highlight its economic potential.

Mangoes by Olive Walke

Mangoes, mangoes, mangoes.
Mango vert, mango teen
Mango vert, mango teen
I want ah penny to buy
Mango vert, mango teen
Give meh ah penny to buy
Mango vert, mango teen
Mango doo dou sou se matin
Savez-vous all for me

Ways to Enjoy Mangoes:
Curried ✔
Preserved ✔
Chutney ✔
Kuchela ✔
Chow ✔
Punch ✔
Ripe ✔

There are over 70 varieties of mango found in Trinidad and Tobago.

82

Olympic Medalists

```
R G Y F E W E V O Z Q R I C H A R D T H O M P S O N T B G H
X D P Q V L H H G N M Y Z B S S L Q W Z V X H K T L K G O A
U S G F Q G D H A E A T E F H C N L S Q L V H C I B W D S O
V K Q I P B R S T S O M B Y A E A R B K K M Q Z Q G M Z U F
M X F J V Y O X B L E X D I I D S L U S E K Z I I T X D I B
Z E M M A N U E L C A L L E N D E R H B P U S A F D G Y R Z
U N W U S X B S Y S T I Y W L B J O D N C V K T M Z C R H Q
N W G E K G Q Z E C W T E C Z B Z E N R K R O E X O D W Z U
Q Y E F H Y I X S J O N O Y R R N V K L R R A V E V Q Q N Y
U U T N P P Z Q C H L L O C P A W O U Q E U N M C E I W Y J
Y E B G D O R U Z D J V F M L I W L T X C N F O J V Y N A S
X Q M V U E V E V D N O V R O A I F L S Q K D H H S O Q H E
P M E M K Q L K X T W M B X I L W O O X E Y H O W Y H Y O O
Q R X O E W G L L C I J X D Q E O N K R H K A V R G S T G T
B T L L L K W B M X N G J Z N Q L S R R D J Q U K E D L L W
F C M L Z T K Z B O H L B U I X Z G N O C G X A X O J S P Y
K L Y R Y C E G U S T G P Q W X R O T I H B J C Y R J K B H
O D E J G Z E P D S Z T F L H N U F J Z R S E P C G V J K V
N X J N U C I S G N D Z L R J A C L Z G N R E A O E Z V E F
K X R E N Y F L E T R O F E N Y E L L A E D A K M B S H W R
Z M S T J O V B E K L R U D Y X H N L M R A E J D O G R E S
Z E W D Q F X D E J L T F J Z T G G D V Y K H U I V P S Z X
R G S K R T Z K L A R I K O E X Z Z C P D L O L X E D N U V
V N V N M J X D I X Q F W N O D R O G E D N O L A L N X U G
G V O X V R G H P L B N D Y G C Q T D T N W N K B L B L I X
J Q X B Y H G A B U G D G S E H A T O B O L D E N R Q J U Q
X E O L A X K N Z H I O L D S N W O S B A O L H A U X K G A
K D H V G F W I H H F H U K M K D Q C X I B I M Z O M V G B
R D Q E I K L N O S W D Z R Q V U O E V V Y O S S K X U W K
M J D D X M P Z I A B S G S T Z M O R Y X G M Y W N Q R T C
```

EMMANUEL CALLENDAR   ADE ALLEYNE-FORTE   DEON LENDORE

RICHARD THOMPSON   KESHORN WALCOTT   KESTON BLEDMAN

HASELY CRAWFORD   LALONDE GORDON   JARRIN SOLOMON   RODNEY WILKES

LENNOW KILGOUR   WENDELL MOTTLEY   GEORGE BOVELL   ATO BOLDEN

MARC BURNS

Olympic Medalists

George Bovell
2004 Olympic Medal Win: Bronze, Men's 200M
Record Holder: first ever Olympic swimming medal for the country

Ato Boldon
Record Holder: four-time Olympic medal winner in Track and Field with national record in the 50, 60 and 200M events.
UNC Feat: represented the United National Congress in 2006-2007 as an Opposition Senator.

Richard Thompson
Record Holder: ran 9.85s in the 100M (beating a record previously held by Ato Bolden)

Keshorn Walcott
Known For: Javelin
2012 Olympic Medal Win: Gold
Record Holder: the youngest Olympic gold medalist in the men's javelin.
Keshorn was the first athlete to win World Junior Olympic Titles the same year.

Hasely Crawford
Record Holder: was the country's first Olympic winner in 1976. He was a track and field athlete.
2001: National Stadium was renamed the Hasely Crawford Stadium.
High Honor: Trinity Cross Medal

Outdoor Activities

```
E G N I T H C A Y H A P B A B T W C R G G Q V Q O M X G X G
A T M B W J R T C D L I S J Y L C V C W N I Z Y U Y J C C R
R T D R X U P K R H M R G E R J W H U J E I M B S Z H C G J
J U R M Z Y B S K U Y H O G W D I V J M Q I N E L Q T M X L
Y X C M D R W O A H F K J U N C N A Z S Q J A I W I S G X T
Q W G D D U A S N X B V B N N I E Y K P O U J I L V T K U F
P A D D L E B O A R D I N G Z A H Y B K I G N I P P O H S B
M A U K S H O H T U B I R D W A T C H I N G Y E I O I K Q M
X U A J J H F N Y U K B W C C E S U T B O F O W B H X Z E Q
E U T M M R U Q X R P I Q S Z A R I R A K B S L G C P K I Q
J Y J R A M U S Z Q W U T Y L X C A S E W Z H L F D V O O D
W Z U J C H E W L B W T X E R Q B R Y M W E I O M S O M Z F
D E S O W D E Y M I O S F Y B P H L Z C A A L M M B K Q B R
P H F M M E F I Z H A E M C A O Z O K V Z S L T C W B Y Z C
X Y L Z L D R J W Q J R R I O M A Y G H I G M K R K E Q L U
O R X T L C Q M Y R Z B T E P W O R P C W C U U S U Y U Z J
Q O W R F E O Z H A T P K E F S B A D C Q I R T P D T O F G
R H L K X S O B Y O O G N I K A Y A K I N O O B P B C G H H
G X S R U O T E R U T L U C N I J G S M N V X F M F M V O X
R D C W O L S C B J Z J S W G W H S Z A K G L P Q D X I O Q
I E D J P C V T P N U B C I G N Z I I Y R E W E J J C N B H
B U C H Q F R S R K V V U B L L I M R G M E O P Y U Z B N P
A I E A M W T R N P E R B W O A O L M G H C W V R R H V N S
P S G V G Y M P B R M E A C X J Y Y E J Q T B Z Z E H X C V
D U G G V N L G D E L K D J L E R W F K K R S K R W B U M X
M K U K G F I O I L V W I Z O Z G T W L R G W E R X U G F P
S W P R Z M A F K W H C V W Y S T S R Z J O R I E D S X I T
S I D J F H U K R D C C I A O V O E P I C G N H A I V C W R
T A U X N T J S D U R Q N T J J Y A M G G W H A S H I N G T W
R M T T E T O Y P B S I G F E L U R K H B L T P O T T G H G
```

TURTLE WATCHING   SNORKELING   PADDLE BOARDING   BIRD WATCHING

HIKE TRAILS   KAYAKING   SIGHTSEEING   SHOPPING   CULTURE TOURS

SCUBA DIVING   NATURE WALKS   KITE BOARDING   GOLF   HASHING

SURFING   YACHTING

Outdoor Activities

Hiking is one of the best ways to enjoy the hidden gems of both islands. From trekking summits, to exploring waterfalls, submerging into pristine waters of rivers and beaches, camping tours, and fitness walks. Explore the wonders of nature and make new friends with a hiking group.

During turtle watching season (March 1 to August 30), a permit is required to view this endangered species. The leatherback turtles are the largest turtles on earth and can weigh more than 2,000 lbs and reach an estimated length of 8 ft. long. They can lay five to seven nests per year and will return to the same location every 2-3 years.

HASHING, "A DRINKING CLUB WITH RUNNING PROBLEMS" IS A NON-COMPETITIVE RUN FOR ABOUT FOUR MILES. IT INCLUDES LOOPS, FALSE TRAILS, AND SHORTCUTS. HASHERS FOLLOW TRAILS OF EITHER FLOUR OR SHREDDED PAPER WHICH TAKES THE GROUP TO BEAUTIFUL PARTS OF THE ISLAND. AT THE END OF THE HASH, PARTICIPANTS RECOVER BY CONSUMING LARGE QUANTITIES OF BEER AND RUM.

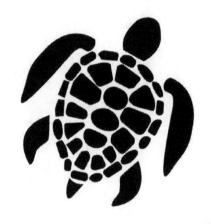

Take your golf game to the next level in one of the six clubs in Trinidad or two in Tobago. The St. Andrews Golf Club aka "Moka", is one of the oldest in the western hemisphere. Experience the scenic sea view of the Buccoo Reef while playing a game of golf at the Mount Irvine Bay Golf Club Tobago.

Trinidad has a high concentration of birds, with over 470 species recorded. The Caroni Bird Sanctuary is the largest mangrove on the island and is one of the most visited places to see the popular Scarlet Ibis and Flamingos. Hidden in the Northern Range, is the Asa Wright Center where rare birds are seen.

Revelers

```
D Y Z O W J I D W Q X J A Q Z Z D Y I Z N L D L T M C D B U
F Y L S E S R J I S S V R C C E C T G T L Y W A M Z P U P F
A U O G Y C C W S Q B O F J N U F B E Q H T Q I V B X R I L
C X O T T K H I H N V T C D Z N E S K L B W G U T N T S L X
I S Q N S D H X U M L L G T M T C U A N J I P X S L P L W Q
C U O L E M A S I Z Q P T K R M V K E V B N L P G C I U B U
B D D N X N X I J V B T D S D A O X W G A I Q G Q B X Q H O
S A F N Z I F U P B E V P H B T N K F H G N C Q F E M Z M
R N J Z H K K V P V U Y G S W I X N G S A G N N F C B G F A
R Z J B E A H D J B X G F P V M M M N S T A L A U D R X E D
R L M S A M C G O A D L J M Y U U Y S E B U J B H S A K K R
L F V E D J H L G Z G S I H Z D A O R D N O C M F G Q A X T
Z O E Z P I I E L B Q H T Z A T T C S E N I L T N O R F Q O
H C C F I O P E M N H J U K U J J T Q Z C R L X A H U A M S
X C R B E Z P W I M R M C A P Z K M V Z L D X K F W J Q S D
X U T F C N I D Z S J Q A U B P C K R C W H X E C X V Y N S
M R F I E E N H F W S Z H F O V H A Y P O I O T Q A X O A F
T T V S I F G E R V A A N E F O O X H M F K H L G W B X S E
O M H O F C C A N B O U L A Y Y O V O J G X E W T K U X S S
X G L Y L F K R T U V T L O R R A I N E S P S O S J K F C E
G F C O S T U M E S O R J U M P U P Z O Y P M A L D R S Y P
M Q H T R F L T U F G E U X V B V K A O V I G P O O W X B N
G Y P H U Q X X X Q U I G D T K A V Z Z X R E Q J T F S V G
S Z T V N R G X C C I T B R D V Z J Q T E S U J G B A E C G
M C V B M M K T H W W T L J D J M V E S M L O F Y B Z J M F
V I I V R P V V R J G F J F X K P E L C J T Q S Q M L F J D
N N I Q T S A I D T D O P J B N J K K U F S Y K Z F Y J O E
Z B E N L Z U B N F B N M U N J J H N R I L O Z A J D X C B
W P V R M Y X E U Q V M P F V N Q G W B B C X T A R X E Z L
T D G J E Q Z S P E T T X I K I U Y L F G K J Z K X D J T K
```

HEADPIECE   COSTUMES   BIG STAGE   CANBOULAY   BACKLINE

FRONTLINE   LORRAINES   CHIPPING   JUMP UP   SAVANNAH GRASS

ON D ROAD   VIBES   JAB MOLASSIE   JAB-JAB

OLE MAS   WINING

Revelers

Reveler: *the person who is playing mas, enjoying themselves in a noisy way. On Carnival Monday they are dressed in swimsuit pieces of various bright, sparkly colors and unique designs. On carnival Tuesday, revelers and their friends come out in their spectacular costumes, exorbitant head pieces, beautifully decorated from head to toe with elaborate make up, and body arts. Each exhibit their costume with their personal touch. ·It is a time where they can emancipate themselves from stress and "free up".*

Being a reveller is a feeling of freedom on the big stage or the Savannah Grass, referred to as the Queen's Park Savannah or Grand Stand. It's where their soul connects with the music. It's a time where wining, jamming, and chipping to the music is embraced with everyone and walking the long distance feels short.

As the day goes by. some revelers "get rid" of their big costume pieces while others preserve and collect them as souvenirs. wishing carnival didn't have to end.

J'ouvert is French for "Day Break". It is the official start of the Carnival bacchanal, which begin on the Dawn of Carnival Monday from 2 - 8am.

J'ouvert revolved from Canboulay festivities over 200 hundred years ago with the arrival of French colonizers. In the 1800's, landowners dressed up and imitated the slaves. After emancipation, slaves imitated their former masters. It is a colorful event, sometimes refer to as "dutty mas" where revelers are covered in mud, paints, clay, and oil while chipping on the streets.

Ole Mas is more traditional, and showcase many characters that portrays social commentary, political tricks, mockery, and plenty picong.

Soca Parang Entertainers

```
A S H V G O W M W D D K Z Z J C N T F M I R Q X B C P W J Q
M F K L Y U K L E N T L E N B K W B Q C E P E P X A H P H D
O A B S C R U N T E R T D B C A N E L W P C L A R M O Y V T
K E X V I E K M A P J F K G G A R E P G I W C D O T Q E X N
O R N L G C P D U U C U C N I S I O V Y S I A D H X Q Z K C
R V D V Q U H K N H J G J B F U A O N Q G A N V Q N S J H V
H W S L C R E K W T W N C O K V W C T P P I T V P B J L A J
K Y X D S A U A H G G Z A B P P S D D E F I A Q R M P L O B
E T S U M K H B P C B Z I S C M Z C D T Y W R T E P Y Q W V
G E S E M X G F U A O X X T E U E A B U P D O K A K A H O E
X R P J N E C Q T V X B T N Y D L T C X C D X W C E G I A B
S H A R L E N E F L O R E S B B S Z O L P H B W H D I J D E
B Q R O U M S A E D Z M W Q O H L O P H E W C M E N Q H F J
Y Z A I Q L K O X U H Q G W V R N T N A C K S O R A Z U A D
M M M F W T Y M R W V B C T K B E J G M V U R B K U Z N L V
T Y I U E W P N E B G Q M V W S D Z A U E M I J P Z B O R
H Z N H G I U Z J S L I D N Z F Y J N P V L U M Z Z C T A J
Z S I D N G H J I N M L W J X O S L H A O P A N T C U K I P
X N N O Q L J G Z N N J A Y W R I H H S R B W S A Y S Z Q K
H N O R F U P G V I O M I B E V P V Q H L A G K O V D H M K
S P S X G R R M U Y P N W P A R B W T S R Y P Q C L I N P W
U F G I J K R D O U Z A X F D C T F F B F H O T R F Y V D W
Q V A B V F U D H B M A A S D N S A M Q U P Q U O L S E Z M
J P N L L W V N O F T J R H G H Y O P A Y E X R T N V V B F
C D L D J C R A H W J Q R C W I X P L V S O Z B O D I I T H
O X W I V V M N T Q V F R A F D J X J D I Z C A T M V P V P
U E Z X J F H L U C Q W U X A D N A R I M A I C R A M R O O
S E N O M R I H Z F R Y F S X U F D K K B Q F L K S K E Z L
J M D Z K E N N Y J S P V C Q B J W X K Z Z Q V O X W X M I
K A D H F Z Q U Z M T X J G K R R U W S F D F J Y O H B H D
```

PARAMININOS   PREACHER   LOS CABALLEROS   MUCHO TEMPO   VIVA NUEVA

DAISY VOISIN   LOS ALUMNOS DE SAN JUAN   LOPINOT PARANDEROS

MARCIA MIRANDA   SHARLENE FLORES   SCRUNTER   BARON

KENNY J   EL CANTARO   CRAZY

Soca Parang Entertainers

Parang Bands are referred to as "Paranderos" which consists of 4-6 musicians playing various instruments. Parang Season: Mid-October to January 6.

The Queen of Parang was known as Daisy Voisin whom led the La Divine Pastora Serenadors band.

Scrunter is known as the uncrowned King of Soca Parang.

Soca Parag is a fusion of Spanish music and fast paced modern Calypso that is played during Christmas time.

Famous Soca Parang song is "Spanish Woman", sung by Baron and was a major hit in his 2009 album.

Los Alumnos De San Juan, led by lead singer Alicia Jagassar is the reigning National Parang Champs and nine times title holder.

Kenny J was the King of Soca Parang. His hit songs "The Brush", "Hush Yuh Mouth" & "Alexander" are part of the Trinbagonian Christmas playlist. He passed away in 2022.

Street Favorites

```
M Q R Z Z E U O A B P U C Y S I F L K X H M O G M D D V F J
F V Y J Q F V S V R W Q H Z Q W M K M Z G K J C U J J V Z X
Q K Y V R N V T Z Y W R V H P O L F H E E T J H R V V Y R C
K Y K I K Y Y K C S C W E N B U S R E C Y H F N R A G R I Q
O G B L W W M D A E C E E T Q P O R H U N V L D E Y E T I T
H P I F D A Z P B P Q X Y I G O U S C Y J U U F O J M W T B
K M M C O C O N U T W A T E R L S Z N K Y R P R M Z W L W A
K K U O Y S T E R S B L A V L U E Q Z R A N K T L P L N N M
B Y L K Z R F N G Y K M E N S T O G C G O N G S M C V K E O
O F V C Z H X F E N F Y T T S V H L R C W C B I X Z J J N C
G F Q I B B N L R U I A Y D S M Q N O J V V S E Y O H O S O
Q E Y X G R V M H E S D O V I J C P Y H R Z M P H O H Q R W
N D G M Z L J V Y E S H D Z C B Q V G D P T D J O Y T V S H
H B K T V J D L N X O H N U I F R G U O T W F D T G U P P Z
T V P E J Y F Y K Y L V J B P M Z W D L H E G E W N K X Y X
W Z J J H G V Y U Z N G I U P K A L O O P I E B S F B F C X
H W M C P I N T J P M Y M Q I F C P U H S O E B R X I G C Q
S N E P P U I X U T X O E T O C M A B G C M R N D C Z V H Y
T V T S A A O R C P E Z B W B G E A L B R D A Y O S G C P G
F B B L I E D O L N I W C Q O B P Z E B V J P C G C P I E O
N N G A H D I K Q Z N M R I L M B J S N S U O I G K W D H X
Y K D O Z Z Y L G O O E I F P T A H H L U Z R X P R N O H E
M T W H B X E C X S Q G I E Y J W E N D S U K Z S P L T N H
A I M M W F T X L F B T W T A F H K R M A A C I D O H I B S
L D L L S L R D Y V A R M X K N N V N C H L E M E X U M V Y
Z P R Y B D H X T D C L P Y D N X D H Y E K G Z B O R G S D
W X K D H I R V W G Y D J A I D H N Q O E C N D I P Q V O T
P U S V E C F V Q P P M C I O H T K U I N H I P Z I L L C H
W J V A J A V Y B G Y E Y T D J U M Y Z A K G E X J B O K F
F L Q Z C A G C U S U O I M H H F J L V P G Y O F F H N V K
```

SNOW CONE   CHOW   FRESH JUICE   COCONUT WATER   BLACK PUDDING

GYRO   PHOLOURIE   ICE CREAM   GEERA PORK   SAHEENA

CORN SOUP   ALOO PIE   PUNCH   SOUSE   OYSTERS

DOUBLES   BURGER

91

Street Favorites

T&T IS HOME OF DOUBLES!

"Doubles" = Two bara with channa (chickpeas), served with condiments like tamarind sauce (my favorite), coconut chutney, roast pepper, and cucumbers.

 **AUTHOR'S PICK**

I like my doubles with a bit of everything, medium pepper, but no cucumbers!

Chow- made with almost any fruit; seasoned with salt, garlic, pepper, shadon beni is everyone's favorite. It can be found at the popular Maracas Lookout.

If you don't like the oily stuff, settle for a hot corn soup or souse (pickled chicken foot or pig foot served with cucumbers) to curb your calorie intake.

 Oysters is a raw cocktail served in a spicy sauce. which includes. lime. pepper. seasoning. and ketchup. A must try!

POPULAR PLACES TO FIND ALL OF YOUR FAVORITE STREET FOODS.

1. Queen's Park Savannah
2. The Cross (San Fernando)

Streets of Port-of-Spain

```
P I S Q H D J T Z K Y Q N S D S F Q M Z W Y P P Y B R G H K
Z N V B E Q Y O U R V L E N Y V Z B E H U X X G I U V L M I
P X P W P T J R W T E G L K X T G K W B T T S O R J H L U U
O A J P Y N C L R K Y K S I G H R J Y C R A O N L Y N L T R
G L U X P C E T D Q F T O G D O L P R R N A U L B N K U T K
F H R O I Y N J G O P L N R X A X D K N G X T G J M D R F H
W O O D F O R D S Q U A R E B J C G F E M I H Y L D H M E R
N H R A E G R H G L S Z D K C M E C K F O B Q C R G I E V O
P I I D C N H Y J O T F W C A N E N I R G U U D P O W T X B
D X C P O A G N J S U H Q O L I I P P P F J A Q H G R T M O
S U L F K X W O S P C V F I A X T V W S H G Y H A O I K O Y
V F C Q E Z K M J Y P O K L Z P D C T P C E X N T R G P D I
S L F S S M P G B G Y V L W E L V I S S S C N A Q U H H N P
O M H J A R A N S F D E N P A R J Q O M Z Y S R K G T A A E
F D M G X X V V E R A I I I D X D E W Z C L P G Y C S Z U M
Q S N C P K P T Y E P Q E Y M O P P P G X Q D F X T O F P K
Q F K O R N Q O U D U Q M K D G A C B F M E N R T V N Q E Q
K Z U L M E M B V E U Q U W E R F E N W L G R H E D R G C R
T J J R Y H T Y N R J K R I F U A U B H I S C P Y U O Y M V
C G V E C N C W H I L Q I X Y C Q W E Q Y Q E S P N A G J R
D R E Z U O J I U C E O R U R T B C D X I S M P F C D Z B V
L D U G V I P A R K L W J C R P X G Z E T T O L R A H C J Y
D J G I T C O S B X G H Y Q Y O J R V M B W H G E N W L N I
W B B D M X M H E U L S U K K U H X O M K X I P N W Y K E N
L Z Q J Z F M W U P J M Y M R S W B X Q B Q M I C K H Z B S
J T U C H W S Q W U N P U O V R J H I B S P S R H E K C H U
A I R L Y L X G I W D A Z A H Q J B Q O Z W V E Z U Z M I O
T O J F D X U G Z W Z K L X O K K Y H P A I G G U Y O D C F
Q N A Q Y R W C Q A M Q I Q L A B E R C R O M B Y O W E E E
Z Z D U R C N C Q Q K W R P M N H B U E U G B M B C I J R G
```

ST. VINCENT   PEMBROKE   SOUTH QUAY   RICHMOND   EDWARD

CHARLOTTE   PICCADILLY   FREDERICK   DUNCAN

WOODFORD SQUARE   PARK   ABERCROMBY   WRIGHTSON ROAD

HENRY   NELSON   QUEEN   FRENCH

Streets of Port-of-Spain

PORT OF SPAIN: THE SECOND CAPITAL OF TRINIDAD AND TOBAGO

Home to the biggest and most successful stock market in the Caribbean.

It is the third largest municipality after Chaguanas and San Fernando.

The streets of Port of Spain are named after important historical circumstances that shaped the nation. They embark milestones through time, allowing us to understand the societal and cultural road paved over the years.

Some streets were named after Catholics, the French, the Spanish-Speaking inhabitants, and British Protestants, all searching for common ground between the local politics interest.

Woodford Square was once called Brunswick Square. After the first World War, it was renamed for Governor Sir Ralph Woodford.

Charlotte Street was named after the wife of George III, Princess Charlotte of Mecklenburg-Strelitz. It was previously named Calle de Santa Ana.

Tiny Creatures

```
D I R P H Q O S X H F A T P Q V E C V P S H R L J M Z Z S B
B Y A Z D F B H C Q S R J C Z Z O S Z K Q N E N X H V P W L
F Y L T K W C F M Y Q Q N U Q L C F M P R H M I F J P F W I
E P B F V X A W X P Z K T J K F W L A Z D F S A S J T N F H
V K M X E S B G U B H S U B M W P T N J D L Q U X O R A A I
T E G C G L P N H A D N M I U X E U V R O O M C R O W I N K
J F X C G L D C W C N R G N G L F H K V H B V V W Q M I A L
C V A A P E T N L H G J E L B K S L B G P P O Y E L C Y N X
R E Q L I T J M A A S U Z P G T I U Q X B F P N U A M C C R
K S Q O L D T E K C I R C D P W O N W U J V J X D A I G I T
G Q U Q J R A M A Q P F K P H O B R S B R I M E B Y Z F N S
W A F C Q T C H U Z B V N O C W H V G E C R J Z A V I A F H
X S G I L I T I C A K E O T I U Q S O M E F H T L A E L G O
E G I V P C A O P L L A L J S U C P S R R Q B M B J K U D X
B P R M C A C U R E M Q F L A F U Y R A T J W W L S P U O H
S W A I Z E U H N Q J Y C O E C O N G A R E E W G X T R D J
U F B Y X S J X O G C P U R X S K I Z G Y G V U G R J L S O
Y G A H Q D G C Y O U S H C R L M S I Z R I W U Y R J I O X
H O G X K J L F Z M R Z R P S N B A P N B B N N P F S W J X
O V L F O U J R D O Y X W A L T D E M A H J M G B E F J O Z
P T U R E Q V X S U A T N U B A R A M I N A C J M G A K W D
O H X C W S V Z I I O N J O T U T H Z U T I V O O A E W N C
X U U J N N D D T J E X P S S E A L Q T Y A A F L J N C U V
G Q P W F Z N K V U Q D N I R U L X P E R S B G O P R T K K
V D R Z N N H I F M H V M G Q Y K O L S R X F W Z F I L I O
L E W D N L X G O V W K V M G G A O B J Z G R A W K R N D S
L R O E W X Y G V K V N U V P T Z A S G H G X I O X C B S R
X T P J U K Q K Y W Y S X O Y F Y A H A N T S Q H I B G R Q
J Q N O L J B B T I Z B G G V R A S Z J W P O N P B W Z T T
O F Q J K O G U U D O F G P Q Z R V A I H U U N C C W A I O
```

PRAYING MANTIS   GRASSHOPPER   BATIMAMSELLE   JACK SPANIA

TAC TAC   GECKO   CRICKET   MOSQUITO   JEP

ANANCI   BUH BUG   FYAH ANTS   CANDLE FLY

MARABUNTA   CONGAREE

Tiny Creatures

There are over 70 species of mosquitoes...

BEWARE OF BACHACS

A destructive insect that damage crops...

An Origin Story:

BATTIMAMSELLE aka Dragonfly

TRANSLATE

CRAZY WOMAN!!!!

Batty: **Crazy/Eccentric**

Mamselle/Madamoiselle (patois): **Woman**

Marabunta: Wasp with an intense sting. Their nests can be found in a majority of trees.

WARNING: They ATTACK as a swarm, and if seen, should be left uninterrupted!

"I'm hungry..."

"Go eat a congaree!"

Millipede
(Congaree)

Crickets singing = Rain/Warmer Day

ANANCI (Spider)

Famous folklore character known for outsmarting and tricking his opponents.

ADVISORY: You must have your yellow fever shot before traveling to the islands.

Tobago Great Race

```
A B L P G S U Y G X S L G B R H N H Q R E Q B E T V I M Z U
M G D W C D X M Q L V C W U U Z A B B F M X O K T V J G H I
F G A N B X M R E X S W Z J H P Y A O U Y L L U X R B S E F
B C A A T Q H V A R K P I M M M B C V W S H G C R F V U R B
U A A T A P T F Q V O V H T U O M Y L P J J B Q C N O Q K R
V D R D T S W G N H E H Q F N T C N A X T S X G B J F G H Y
A P H H J A J L Z B O W S X J U A B Z L V Z D L E G F J F V
U G J R Q X G T P I T G W F N L T T O K N N Y T P P S N M Z
P H P K M I F E O Q J L W W F M M P C V H X P Q M N Q O Z P
S F Z Y C J P A R O Y V B I B O H A C G T M Q G M C R K A Q
G V N H H T I D E S C D K J M N T C F B N L B K L P S M B R
S I Z B E G B Z N X Q W H G R S K K T L L I Y X L Y F E J M
N L P K D G D T I S H C E Q T T S V F Y M A I Z C T W Y K I
A C I V Z G I G T C V T X K U E V H Q F D K B A Q H L G S W
Y L O U B V D E S U Q M E O C R M F H G A T T U T R X Z E X
Q U S H J B B B B D L L Y U H D S I U L K H S B S O E N D J
L Y M R S O L O H D H O Y Z V O X S T U L F R U T J M R I V
U P R Q V N P V L Z Q R A K A Z X M C R T Z Y B G N I C A R
V K W T N S Y D C Q W R J M A V N T N E V J E X H U B G X Y
S M E J M I X V H V O I B C N G C S F D Q M N E D C A I K X
Y J O X Y D Q T V J H T R W C S R W T U X S V W G B E I N P
O Z C Q A C I O L K A B O C A S J G V A Q C Z W H Y V Z A A
Q C S R O T A T C E P S I U E K T D E S O O I Z X N B Z K O
U D P Q K J E W P S R O T I T E P M O C L B E V Y U G U S J
K N E O F F L D O O I E E O P B F L S A L T R H M W E K I F
U V E X B N R U P U Z Q H T X X M X F R Q E B E H R V P D L
Q K D N N G S A F K E O W A L T U O L I B O M G W A V D H P
U B U O R F K Z S J S H U E H F D D J B U N H U E O V L P P
M U W S F L U Q K F N W Y T W Y I F A Z J V K Y X N P E C H
N Y Q N L E O Y S X G U L S M R X C V R S P F M O U Q Y R W
```

MR. SOLO OFFSHORE PLYMOUTH REGATTA

SPECTATORS COMPETITORS MOTUL MONSTER POWER BOATS

MOBIL OUTLAW RACING AUGUST SPEED

CARIB BOCAS PRIZES

Tobago Great Race

Tobago Great Race is one of the world's longest running, with over fifty years of offshore, powerboats races.

Starting Location: Gulf of Paria, Trinidad

Month: August

Route: (Lap 1) through the first bocas
(Lap 2) head to the North Coast passing Maracas Bay to Grand Riviere
(Lap 3) head to Tobago
(Lap 4) West of Tobago to Plymouth
(Lap 5) Store Bay

This race isn't for the faint of heart as each lap challenges the racers. Water conditions vary from calm to choppy. Many competitors face breakdowns.

EACH YEAR THOUSANDS OF PEOPLE FLOCK TO THE FINISH LINE IN TOBAGO. SPECTATORS CAN VIEW THE RACE VIA THE COASTLINE RACE ROUTE.

Mr. Solo (Ken Charles) has won the most titles: 18. Mr. Charles has been racing since 1960s.

Guinness World Record Holder: the oldest professional powerboat race in the world.

Traditional Carnival Characters

```
B E L K B K Y A I I Z P U B I J S C G R I R C N K F N R U Q
D R P L Z D Y S T J E Z V G M M W O T D X A O Q Y D V T I F
N E E E G A I I H N E X S D M C P U X Z B B O O K M A N H F
W A C R U J E B O S U V S E E Z K O H Q Q P Q W K S I D Z X
W O S Z W I D I D N M I Z N U V A S L R I W V E D F H Q I L
E I L B H K G A S K E J E J V A D S R N I T V W X Y R O S U
F U H T F J X S Z S X I B I J U E Q S O J E Y C C Q C K G Z
P X P E Q H A K N N A J P B B H H J R B L P W N O J F C K Q
K R N S D N A B W O C L M W T M F N S M S I P G H L X D W W
B Y G U C W V S J J G X O R W J U B L B W J A R T J A F Y W
N O U P G D H B S A J A N M D W B J R T Q I D S T N A F P Z
C Y B L F P V E Y K B C R Q B U R R O K E E T L G H K X E Q
Y P I C O R G J O B H F Q D H A R W Q K G S L H K S X J X P
U E J H O T X P N Q W P Q K M F J R V H O W H U D R V I B S
B A B Y D O L L S Y U Q X S V D E A W V U M F Z E Y Z W G E
J P K Q A X R D B P U Z V H N C D E J J O Z H X G O C L Y C
X P S U M B F N Y Y Y U E R B A T S I K H Z Q C F R P S U X
K W C T E I Y S R C I B Q C Y C I D Y G W D Y D F G Z Z H W
T T M U L D D M Q E J H K K G O M D Q K S P F I G R P W Z X
T I F V O M L N W L Y Y B M D J G A N L X U F T T L G H X R
P J S G R U J M I N Y O L R I X S I Z I E C L J L A A D S Q
L R Q V R D H E N G G H F C S N W O L C Y L J P I S G K F D
W C X J A A V C R M H L N D A O S T H L O C V Z F N Q D F Z
A E I A I B U Z G X G T X I X M N T E Y B B N E P T Y W R P
R F I X N Y J B D Q P G R Y W R F G R A Q J Y A D A H Q P S
Z Z F L E F M W O A P N N O S J M B C E T S R F F F E O T Q
U I D E K O T A X X C V E F B Q P R K X L D V X W W E F R O
E R S L W D U O T R B N M Y X B I K M B Z S B Y Z R J A K A
A H B P G N B M Y R F X B B J S E K I R N O G J M B K Z L V
X L N Z V E A F C A Z D Z J K J I R M H O J I U A L X T K C
```

FANCY INDIANS   DAME LORRAINE   COW BANDS   MIDNIGHT ROBBER

MOKO JUMBIE   BURROKEET   JAB MOLASSIE   CLOWNS

BABY DOLLS   BOOKMAN   BATS   SAILORS

MINSTRELS   DRAGONS   JAB-JAB

99

Traditional Carnival Characters

Masqueraders dressed in traditional costumes have preserved past cultures, and inspire evolving social customs, and inspire evolving creations.

Moko Jumbie is one of the most spectacular characters, known for the art of stilts walking or dancing. Their stilts can vary from 10 – 15 feet in height. They were regarded as the protector because of their height and ability to see evil before ordinary men.

Jab Molassie: where the person is covered in black oil or molasses. It is believed that a Jab Molassie is the spirit of a slave who died in a sugar factory when he fell into a vat of boiling molasses.

Midnight Robber. the most feared was inspired by cowboy costumes. He is dressed in black with a flowing cape and an oversize hat shaped like a coffin. His speech is called "Robber Talk". which is brag or boast about power and himself. He commands and dismisses his audience by the blow of a whistle. and threatens them with a dagger or gun.

Fancy Indians is the most popular variety of Indian mas. The band consists of the warrior chief and his family or group of warriors. There costumes are vibrant and full of feathers, bead work, ostrich plumes, canoes, and ribbons, consisting of elaborate head pieces.

Sailors is the most popular costumes and was introduced in 1880 when the French, British, and American Naval ships came to Trinidad. There are several types of sailor mas such as, Fancy Sailor, White sailor, King Sailor, Fireman, and Free French sailor. Costumes are lightweight, consisting of a beret with the name of ship on the rim of it, bell bottom pants, bow neck striped jersey, and black and white shoes. Their headpieces are made of Papier-Mache that are represented by birds, plants or animals painted. There are several dances that go along with the portrayal of this mas, such as crab, Marrico, Rock de Boat, and Skip Jack, and the Camel.

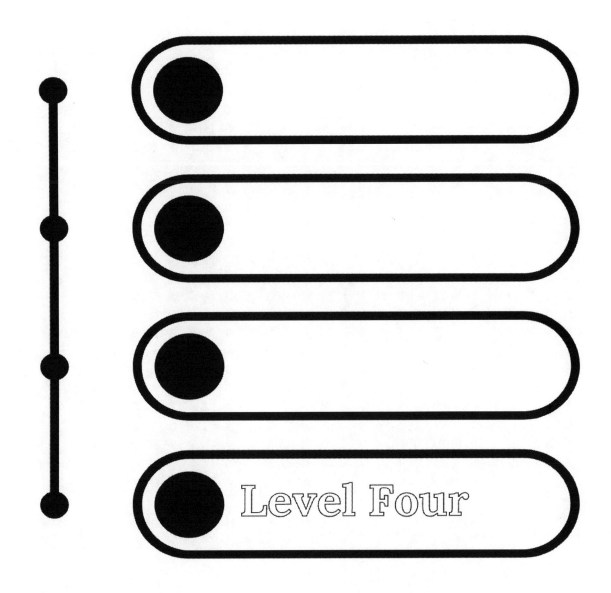

Level Four

Adventures in Chaguaramas

```
D S B U A B V Y P S V P L A N E C R A S H S I T E M B T I N
S B B E Z G L L C G W X O P L G X C U L H L R W U F X V N N
I T M I L I T A R Y M U S E U M N D S P I Q H T S X K I M N
C D T F X O P A Q J V Z E F V T H I Y R L Z K X K M B M S X
N L M K F I V I Y T J X U R P B U K K L O T U U H U J P I S
S X L R C I P I T F R F C O Y O Z K R A P O C E I R A F A S
K S F A D I S C V T T D V L K L N Y Y I Y R Y I T N W G X C
A R R H C G P H U G M L J M L A R D E H T A C O O B M A B U
L W A E M C U U I K C L K X H T J X D B R E K T W V N N H N
L C C P T D G B L N M V A K L P O O V I V R D M V M W M S Z
Y S L V T R E G R O G R E V I R E N G I V O C I Y K G F D V
W S E O H N A Y L U E S E D I T H F A L L S X H D F D K N O
A K W M M A E H U R L I F E W B N Q B S E P A V I I G Y R T
G H H Z S U E M C H A G U A R A M A S B O A R D W A L K L M
B G J C C E Y V E L K F T Z Q T F O S M G C Y Z S X B F X C
A N O C A S L N H S I P Q P P D X K P O Q E I P E G R A H X
Y S Q O N E D Y T N U A F A G M J K D U O M K O N E I N P K
A Q B M R Z B N F S R M S L T F U S C N U U U O Y S E Q A Y
D K V B K U G E A L M S A M G X J E A T K S H B M S G N F C
V S Y P L A U I P L Z K Z D Y P G Z J S V E F N U J P G G M
E F Z A D M N Y A I S D D F N H N R Q T W U P T C C P Z I Q
N D L L Y I I D W Q R I S E E A F J O C P M A X A O G T H G
T R X C B V V Q R N O E D R A C L U Z A A Z K K W T K M L M
U B P J A N I J S I Y J U N N S P S Y T A G T X I O Z I N X
R N Y H F V W D D M I U S Q W C P T I H V Z D C J B U J P W
E G K L Y Q S S V W T X C X C O B O M E S R U O C F L O G R
P M T W C W W W E O Q W Q E B A D I A R V N Q Y H W U N D J
A V V S B G . T X O L H E P M B R M R T I Z I A M M P K F Q X
R H V P P G R U U F P I V Y P P D T O N T Y F V W K Y F F E
K T O G Y H Z O E T X Q Q B G O S C X E E B V R D T W Z D X
```

PLANE CRASH SITE   DOWN D ISLANDS   SAFARI ECO PARK   MACQUERIPE BEACH

MILITARY MUSEUM   FIVE ISLAND AMUSEMENT PARK   CHAGUARAMAS BOARDWALK

SKALLYWAG BAY ADVENTURE PARK   AEROSPACE MUSEUM

COVIGNE RIVER GORGE   BAMBOO CATHEDRAL   FISHING

MOUNT ST. CATHERINE   EDITH FALLS   ZIP-ITT   SAIL CHARTERS

KAYAKING   GOLF COURSE   UPICKTT

Adventures in Chaguaramas

Rich in history, Chaguaramas was leased to the Americans in the 1940s. It was used as a naval base during World War II and throughout the area, dilapidated concrete bunkers can be seen.

Covigne River Gorge, Tucker Valley is a popular hiking destination that brings you to waterfall and a pool plunge where you can dive in and enjoy the refreshing mountain water.

Mount St. Catherine: If you're a fitness fanatic, then a must do is walking the trail to the top. It is the tallest peak on the Chaguaramas Peninsula. The Radar Station is used to identify land and sea craft that are directly communicated with the Piarco International Airport. The view here is spectacular.

Easy hike for the whole family is a scenic roadway walk through the Bamboo Cathedral, where bamboo stalks are bent across each other creating natural arches. It leads to an old satellite tracking station at the top of the hill. During the year there are groups that hold stargazing events.

Dine in at the seaside and enjoy the sunset or have breakfast at UpickTT and enjoy picking some of your favorite fruits and vegetables that are in season.

There is another trail that can lead to the famous plane crash site.

Recommendation: go with a hiking group. Remnants of the plane remains hidden in the valley.

Belly in Meh Hand

```
V O Y Z G E B M H O J M F W S H S W U Z P U X P I C J F S W
P F O M B W D G R F N P T V M I G X J H A G J W Y U B X P U
Z Z F I S H B R O T H H V U O T F O O U M R D X Z R L K I S
V X L W W Y U R X I Q W B G K I A H F N T P L X M P N B C G
H J X I Y D M T E L M B W E E S R O P U W E L S M U P D S O
V J O A A I O O L A L L A C D W N L G L T N W D Y G I E A K
I N O I Q T C O P E D I Y K H V C A N Y Z H J F K Z Y C L P
I S O P C F G J W F U F O Q E X V B Z B R P R Q F P Q X T F
X L E N X V O I C P W P R U R M A E L D J R V V C Y M R F I
P I D C R D V W P P E L A U R M R I B U S S U P S H O T I H
D A B S I Z R N L E D O W N I M L U A K E A H C R U T O S G
I C N T K R P Z I K U X Z T N T X S Z N R F J I O M C F H H
D G O E N E O S I K P C H D G C O U C O U A O B W Q Y H B Y
A A J W M R S R G U S X E G B H A I G A N C H O K A I M U J
L I L C H D S L H F I D B G Y G T L U R M D S D V E P L S
O B U H F E K B F C U A S V R P K E Q D U J C C N M V R J V
W S B I N T E P V B O Y C K X A V A H H O Y E N Z E G I O H
Y Y V C A D A L R J E V R J Y U B P H Y X W V S R K K A L X
K E L K E U Q K S A D A R O T I E Y U X N A N O N K L A W E
A M M E J M M K O O Q L J R L I V Z V U T J S R C M N H B S
E H A N W P H E I C U Z L C I Z P T A P N P P S V R Y S J M
W D J C R A B N D U M P L I N P S O B N G R Y D C F M R G L
X U N I A N X F F U U J J U T O Y L X X A X P O T B A K E U
F E G W N R G H L Z B S A X B N K X O Q A A S C E U K K L X
U T N Q E M O D E T V N X J R H G S G R O M C L P G O S B Y
W C W B T T B N G S Y P N U A Q T P C C C F P S R H A R Z R
Q L J E A E O H I M Y F Q O Z L S Y A R M D P Q A I D V C S
K P Q X P I M T U P G G L R T S E B J S I D G X B Q M S P H
U A K Q R L A B O N I C I J Q D L Q M R E T I I H L L S Q Y
Z Y D H S O T O I B Q E Z Y B P U P J S O U G X G H Z W M I
```

SMOKED HERRING   CRAB N' DUMLPIN   BREADFRUIT OIL DOWN

BARBECUE PIGTAIL   OCHRO RICE   SALTFISH BULJOL   FISH BROTH

CURRY GOAT   BLUE FOOD   MACARONI PIE   BUSS-UP-SHOT

COWHEEL SOUP   BAKE N' SHARK   STEW CHICKEN   BHAIGAN CHOKA

CALLALOO   POT BAKE   SADA ROTI   COU-COU   PELAU

Belly in Meh Hand

Trinis love to "bubble ah pot".

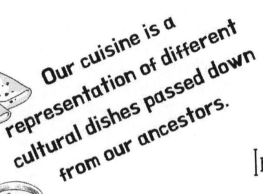

Our cuisine is a representation of different cultural dishes passed down from our ancestors.

In Trinidad, most dishes are:

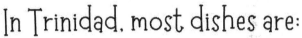

Stewed ✔

Curried ✔

Barbecued ✔

During the year, there are numerous food competitions such as the famous Curry Duck Competition.

Many of our foods are served with homemade pepper sauce, raw hot pepper, or kuchela (green mango grated, strained or dried, then mixed with Amchar Massala and other spices).

Tobago = Land of Blue Food (an array of provisions served alongside their famous Crab n' Dumplin).

Biggest Show on Earth

```
N M N S T I C K F I G H T I N G C S H X T X S M D Z N E W I
Q O W W T S O L D L Q C X C A Z M I G O Q Z P R M I J M B N
X K Y A U E M C M F Y D Y G F Y C V I O Q F E Q N U X K T R
E K T A H M E F U T V I J Y I N C D O W F Y V A E G I W C S
S F G O D I G L D K J A J Z D X Y X I S U K V G V A B R E K
X G L C Z S E C P I T Q J R C I S U M A C O S A H G S H J M
F P O K T X E V E A M L H A F D D M X Q V Q W C C H X J O Q
L S R A Y A J U I I N A W H Y Z J M Z H W O T R I W O Y X Q
E X A Q P T P R T S J U N T S P G T W K E L F Y A M F L T S
Q C V S V P N A O L U G Q C B K W F A Q A N V L T V U B X H
I Y Q Y D A D S N A A L N R H O G X L D R E Y A E X O C C P
B X K K F N M H T Y D V C X B E H L I T I A F E L V C K J A
F D W N R O A T V M S M I N M D G J M E X O M T T J L D K I
U I N O I R K B A E X R A N I M N R M M E S I F R G R O N R
S V S E G A I T F H R K A R R L A D A Q O U H H T O C W B P
I K K E G M Q B M O Y X K D C A L Y P S O Z S U Y V F X N S
R A E B M A M R V Z E A G Y I H C A G V P J H L E L Q E I L
E N N N I U T A Q Z L D D K Q Y U H J A I U O P N N T L S I
M Q O G Z P T S A M F W A N S N E E U Q D N A S G N I K N O
E E Y B Y D S S G Y H R M R O V S A Y T L F N W G R E N W F
R C B O M R A U O I Y D N E A M C O A G N O P M E T X E A O
X P J H L I Z K B C B F M J E P L S F E T E S G O B V H J I
J W S G U U U S E E J W U N Y X Z A G W G W Y D F L D J J U
V B V D E S S H N L S B B A K C A K V E O F Z S M H P O T W
M A S Q U E R A D E R S V F R V O X J I W Y B C O B T U Z O
C J G I D L Q T K O S V Y F Z X H K H O N J Z O M C N V D C
X G O F O K M J F H Y G O I X A J D H T X R V G M B A E W R
D L F X K S I N T E R N A T I O N A L S O C A M O N A R C H
U K A P Z Y V H H P W J O B H Y X N V U S X U C R G T T N U
N B F P G R P Q M M Q D G K U J L S W Y J Z A W P O D A U H
```

SOCA MUSIC   COSTUMES   ROAD MARCH   PANORAMA   ALL INCLUSIVE

EXTEMPO   BIG STAGE   INTERNATIONAL SOCA MONARCH   CARNIVAL MONDAY

KINGS AND QUEENS   CARNIVAL TUESDAY   STICK FIGHTING   PARADE OF BANDS

DIMANCHE GRAS   CHUTNEY SOCA   MASQUERADERS   BRASS   FETES

CALYPSO   J'OUVERT   MAS   STEEL PAN

Biggest Show on Earth

At the beginning of January, partying starts with various fetes and competitions. During Carnival Monday and Tuesday, masqueraders, dressed in their costumes, anticipate the crossing of the big stage at the Queen's Park Savannah or the Soca Drome.

 Extempo: a calypso war that emerged from slavery is a National Competition where performers compete against each other lyrically. They are given a topic on the spot, usually consisting of current affairs where they make ridicule, mock sarcastically, or praise against their competitor. Winston Peters currently holds the most titles: Ten.

Kings and Queens are individual competitions that determine the best costumes for Carnival. It is a colorful, creative array of huge costumes/structures displayed on stage for judging, accompanied by Soca music.

1993: International Soca Monarch began. This competition is held on Fantastic Friday (Carnival Friday). Today it has emerged into two judging categories: Groovy Soca and Power Soca. Soca Musicians around the world are eligible to compete.

Road March refers to the most played song played on the road, during the parade of the bands. Having this title is one of the most rewarding awards an artist can have.

TITLE HOLDERS:

*The late Lord Kitchener: 11 wins

*Super Blue and Machel Montano: 10 wins (tied)

Blossoming Garden

```
O L J M V X I K M T W M F P F Z H H T Z O L K I T Z L E P P
P S O T A Y Y G M K S F Q R E W O L F K C O C A E P H M C S
Y F C P I G G M O R A O J X Q X J U J F P L R N A Y T M Q J
X R T I T Z O L D L G W H G M Y R I Z G W V G H C J U H X J
R M O R N I N G G L O R Y M S U C S I B I H N U J U E E K E
S U S L X Q Q U L C O H Z U Y S I L E M A H C F T I K T G O
S L I S Y X G H R O A G R C V L J R Q V I Z X B W F M S O H
L F S D X F O I A J U Y I I I W P R U U F T E C U B X E F S
G N B X K A C W N P G Z Q R H S M S A H I C W K O T O V H E
M U Z L A B N Q Q C U A Z H A O O Q W R T W L I W K A N P U
T I C I J K A Z B H C R B Z J M C H A C O N I A S E X F W M
M B X I Z M Z K U G K H E L I C O N I A S X A G P S G X E J
Z E A B L B Z R W J T Z F Y P B R I E W Y I I V Q A N E O D
X L P E L K N I W I R E P E S O R N D U K L B T T A H E V L
F J O V P G I T S A I T T E S N I O P R V D I G L A D D I W
A D G B H Y A U B E E G R Q S M S O J M I P V S M V D U A Z
N S H A M D L R R I P L B W F Q P X T Q W K C W D G T M A O
P G W X L L A F R S E I L I L R E T A W I U A R C I A I W B
C O Q V C F B O R K R H T I D R R U N L Q M B D L B H M E K
H C L F G Z Y P N E P J V L V O G P W M R D I J K A U C C W
S I I T J U S F N M T D O Q H N C W Q Y E P O X W A F I R T
U C J R X Q C K R W M T G L R U I B J G F Q R P F H H F L O
N H W O A K L Y P A V Y U E A O U A Y A R O W G M Q S O I B
F B M S T A F I G A N D W B L L I B G W A K R H I S X S Q J
L Q S E O F F I E Z U G A V T L F S O U X J M L G Y L O K H
O Z F S P X Y T W A H A I T R A D P G L O D Y W F M B V H F
W A D A H N Q I L N Y F L P U C R E T T U B C O W F X C M B
E D C Y O E Y S U B O K J A A R S H P E I L S P V C H V H L
R A F Y K Z O F G N R X M E R N A H X V S A C D S U S N Y X
N R Q Z H T N T W K U M Z V W I I C V H L L V B P L F T Z F
```

HELICONIAS   ANTHURIUM   FRANGIPANI   CHACONIA   MARIGOLD

HIBISCUS   MORNING GLORY   ROSE PERIWINKLE   PEACOCK FLOWER

BOUGAINVILLEA   BUTTERFLY PEA   SUNFLOWER   WATER LILLIES   BUTTER CUP

POINSETTIAS   DATURA   ORCHIDS   IXORA   CHAMELI   ROSES

Blossoming Garden

National Flower: Chaconia (Wild Poinsettia)

Trinidad is home to over 18 species of hummingbirds that love nectar filled plants like the Red Cardinal Flower and Ixora.

Baliser Flower, a family of the heliconias, is the logo for the People's National Movement (PNM).

1956: The Trinidad and Tobago Orchid Society was founded.
Purpose: To conserve native orchid species.

Every year there is an Orchid Show open to the public. In keeping with the AOS standards, the society judges and award excellence in cultivation of the flower.

Buss ah Lime - Fete Time

```
N D P U V K Z V O A V Y O T L Q T D W X J D Z J D R T P V Q
I H K H E W T F B B U N G R F N E R U E J A Y X Z Q S J D S
M Z M S K E A V W F N C H I W I W J V D T A P L V W U F G F
S Y P D B J R M D C B B R B O Y H E L N K S M J H E N L P N
L K U U R Y W O B O S X J E I E I G M V Q T S N G T N U R E
L Q A N O J D R B U N E P I M E M W W I Z O O P A J Y X Y K
E F Q Z J X Y I O M S L O G I O G S P Y Y Q A L L T S X I J
Z V Y E H F K C O V A H K N B V B L V T H N K Y S F I C F W
P S I C R W M T H Z M J K I P C L F Y P E O A X Y N D O N L
T Q S S A O U T I N S O U T H S M M I K W Z T B U Y E C N M
S C T I U A H F X Y C H K E N W I U E R M C I D I F U K M V
F V U M I L E S A W A K Z W I K U E F W X E L E P S P T T D
L E M H I C C V A B K D Q A Q H V H D C X D L N N Q P A L K
P C P L E U T N C W U F S P Q A S O E N Y H S F E M Z I P B
H X E G S R Q M I U N H A E A A U A Z M B T U V X E M L W C
P M D T Q C H D H L Z I C C N K K X R P Y O N W B I N S Q M
L K C N X V G V D H L H A M R D I O U M T M R W I X P M D O
M T O D V K M O J C P A Z R Y R E T M Q Y N I K G F G Q B P
N F O U P A T K V V L U A G B K Z W Q N D F S O K L E I G H
Z Z L T T I P Q X E J S Y M N A A N Y L I B E Z Y R V T T Z
A K E Y H U D U L R L S L O I A C D B H Y A T T L I M E E N
C N R R W U G U E X Y P P A O T B O G P C W K G E S T Z J D
G A F V M N F W R K E L V M K R A G S D L N H O R M V F S M
E Q E C Y E C V F O U G B A G B T F Q Y Q Y U O S J R O G T
H I T B L B Z M L G K M I S N R D N O M C O H P P J Q D Y H
E H E J W J D L A Y O R E T E F C R Q P W R W N Y G I H C A
N X X T V Z Q F D W Q S Y O S Y N S V S T X S D F M A A H S
U Z G A V D M X C O Q S W D U E R H J N J H Q L C F F U T F
P L A I N E I D Z P A P J E T A R D Y H E B I R T W S S L X
S K C O R E H T N O Y A D S E U T P D B L M W S R H W B P D
```

STUMPED COOLER FETE   TUESDAY ON THE ROCKS   QRC FETE ROYAL

PUNCHY WEDNESDAY   JAM NATION   TRIBE HYDRATE   JAMBOREE

SOKA IN MOKA   LUXX COCKTAILS   OUT IN SOUTH   SOAKA TILL SUNRISE

SUNNY SIDE UP   SOCA BRAINWASH   UWI FETE   FATIMA ALL INCLUSIVE

PRESTIGE X   A.M. BUSH   ARMY FETE   HAVOC   TRIBE IGNITE   HYATT LIME

Buss ah Lime - Fete Time

Fete is the Trinbagonian version of a party where fashion, live entertainment, and a memorable moment are experienced, especially with your "crew". Most fetes have top Soca Artists performing to give you the ultimate experience.

The most expensive fetes are All Inclusive because it includes top performing Soca Artists, unlimited drinks and food.

Semi-Inclusive Fetes are equally fun and the dress codes are more relaxed. Depending on the fete, some may offer free drinks or free food, and sometimes live performances.

Cooler Fetes are a crowd favorite and affordable. Pack your drinks, and wear something comfortable, you will be dancing and drinking all night. You might end up dancing on your cooler.

Party on a boat, similar to a cooler fete, except it's on a boat in the open ocean. Wear your fancy beach wear.

Wet fetes, a definite MUST. Dress to get WET! Starts early in the morning and the fun begins when the water trucks administer water as the sun rises.

Don't forget to designate a driver and don't drink and drive because there are a lot of road blocks and hefty fees.

Comfortable footwear is a MUST!

CPL in D' Oval

```
R Y J X T I B M F F S W R D X S E S F T C A I L I E V E U N
C X X J T S N N I M N R Z W W Z P M R S R O D O B B Z G W V
D W M Q M A S J F V T W O C W V D Q N F E M V M W W N G X B
A V P A H J P O V L B B X I P F D T Q B W S R O S N O P S U
B A B P U L E S S O P I N I R T D V E L J S V H R N U S P N
Q E C I N Z U G H G J A N N F R C H G K X K C G K T A Q U P
A U D V G A V M H O R H J X P C A K F C C C T Z Z I F F S H
Y K M N B G L W W W B K U S H S T W D X I I O E N U U X W E
T R G W Y R E C Q M I A R E P R C U N T Z B R Z N N Z F P M
Z T Y H S O R S T R E R R P I A C P Y O Y M V C U X A R M K
P S T N E D I R T S O D A B R A B P G E Z C Z N O Y D M M U
F H A Y K R A I V P L I D R A P K D R D V A Y Z M T K L Z O
A A O E S Q O S W O A R W B C D Z U S F A B M Y V J Y Z B I
P F D F J H D C H M O R I D K K O M B Z I L Y A J K X I S I
L C Y F J Y I J P A X H T G A R K S J B S M U J A L Y K M G
H O U U J Z Y T S L W B C Y B G Z T R K X J H F S N S D G U
D X T R V R R H W R S A U B M I N H Z O L P T T U Q A A F O
J B J F F V J H G V E F L R A U R U F T Y K Z O F A S Y M U
O D F Z B O U U C M S D X L J N K A W C H A M P I O N S U J
W Y N K F V N I T M P K I E A R K F C P B K L I T D D Y Q G
F M M A M K B M N O W H I R H T U O J J J O H S W A S H J D
M X Y O T K P D L N O D H L T X A W Z E Q P Q C N P K X S F
W T P R N S K U O Z V A Z E J H H C Z S W Z Y E O P V X W E
V Z B C G W B G X T F A A P C J G Z I V D U K K I O K D B V
Q A X A Y F T I F E A R Y E J R M I R A Z H P L D I S E I I
G U Y A K I F R R Y L Q M C O P U I N X M M G A M J X G B B
S A I N T L U C I A K I N G S I Z P R K G A K S R C R E Z O
M J Z Q Y Z S F Z H C T A M E H T F O N A M J Y K J U X A N
T M G W L Y H B P N B U A E M C P B A S T G R G V T I T B F
E I Q X D J Q S T O I R T A P S I V E N D N A S T T I K T S
```

BIGGEST PARTY   SAINT LUCIA KINGS   KNIGHT RIDERS   BARBADOS ROYALS

MAN OF THE MATCH   CARIB STAND   JAMAICA TALLAWAHS

BARBADOS TRIDENTS   GUYANA AMAZON WARRIORS

ST. KITTS AND NEVIS PATRIOTS   CARIB GIRLS   CHAMPIONS   FANS

TRINIPOSSE   SPONSORS   CRICKET   HERO CPL   ZOUKS

CPL in D' Oval

CPL, Caribbean Premier League is an annual T20 tournament held in the Caribbean
Current Sponsor: Hero MotoCorp, hence the official name - "The Hero CPL".
Founded: 2013 by the Cricket West Indies

Tournament:

6 competing teams

15 contracted players for each team

4 players under the age of 23

5 international players (maximum)

1 local franchise player

1 international franchise player

TEAMS:

BARBADOS ROYALS
GUYANA AMAZON WARRIORS
JAMAICA TALLAWAHS
ST. KITTS & NEVIS PATRIOTS
SAINT LUCIA KINGS
TRINBAGO KNIGHT RIDERS

Trinbago Knight Riders (TKR), previously named Red Steel is the most successful team (4-time title winner) in the history of CPL.

Queens Park Oval, 2015: the Red Steel won their last game against the Barbados Tridents. TKR won the competitions in 2017, 2019, and 2020 at the Brian Lara Cricket Academy.

Jamaica Tallawahs hold **3** titles and Barbados Royals holds **2**.

St. Kitts and Nevis Patriots claimed their first win, defeating Saint Lucia Kings by three (3) wickets in their home ground.

The best way to enjoy the game is at The Oval with your friends, especially the Carib Stand. Get your crew, book your tickets in advance as it sells out quickly. On the day, wear your team's colors, pack your cooler, and food. Enjoy the live entertainment and fun. It's the biggest party in sports.

For an All-inclusive, choose the Triniposse ticket option stand for the ultimate party.

Emperor Valley Zoo

```
F K C E Z K K N I M B H Z H E F H H O C H X A T D K D X Y F
F B Z X J D O M X K R L E B E Z I O B V S F A D D S X T C E
K H F V Q W C W D G A P Y E Q R O K U M O G U E D B I M C E
O W R M P S H P H N X A R U G V R Z F U O X F Z B L N Z F K
P O Z N T O S I M J K G H B K C K T V E B S V I S K N I V T
L G B E O E G V T F H W S F V H K W P H A V B I K K G S J B
G Z N H E B G M C E O H R S Q I Y G A R Q J V N N O M L H J
B P B A B Z Y J P C B W E I L V H G O R Z J T G N A O Z C C
C N O Y B G N I H N E E W I V W C B X L T H B G E I M U L O
X I O R W I Q A S N L X N F G E D K R E D H O W L E R I D B
X O E U C E N W P L E C M G X V R F W L K T O Z C Y T K A B
A S F H I U F C M M L P A V A U P O L E G U E G E V M I M C
S X L G Y I P K K V I A J R K L U R T P A N H G S E M K D A
A B A L N I G I J H D H M B J L T O Y T O M S I U N S X B Z
U Z F Q I I I X N O O C C A R G N I T A E B A R C Y I F Z Y
K S T M Q R Y V D E B R V Y S P X A G P R R I A V V R K X S
A I S H F E D L M L S C N J W J X X R E U R S F L Y U M Y R
U H F V N N L N F I S L B G O V R L E A R H F F E J Z D B B
U I M J S W T P A N N C Z W H W W N Q C Z S L E J V V X V S
A T L P D K Y X O M A J R X A X O A B O D M A S V V U V M E
R B M Q E E A E K G X Y I K C T C P D C I J M N C Z Z D C Y
T A P Q N F X M F W R P A T D Z E E N K O A I X K A Y F V H
Q H O V H P E B F S B T C L D W L R F S Y Z N F M I Q R Q L
X O O K U M P A A N L W V T A O O L M X O U G R I X H M Z T
E D I X C Z M B V I G Q J S T M T R U O M I O P Z U M L Q A
V D U W V B A T A M M D M L E M Q L T R N Q S Q F L M O S N
W J G P B B A X N U P M K U O C I N A M B I S Y O G E K Z J
F V A L O Q O U H K P E A O B F G Y Q V Z P T I V M O L I B
X Y L C U W J G Z M J J F L N P Z K C I H O N O O T X Y V H
J W P K K G E G I U R G O Q H R L Z N K G Z Y Q R B X S X L
```

CHIMPANZEE   WATER MONITOR   RIVER OTTERS   RED HOWLER   PORCUPINES

MANDRILLS   FLAMINGOS   WARTHOGS   MANICOU   PEACOCKS   GOLD TEGU

MALAYAN FLYING FOX   CRAB-EATING RACCOON   WHITE BENGAL TIGERS

LLAMAS   CAIMAN   OCELOT   GIRAFFES

Emperor Valley Zoo

1952: The Emperor Valley Zoo was opened by Governor Sir Hubert Rance.

FUN FACT: It is the largest zoo in the country and is located around Queen's Park Savannah.

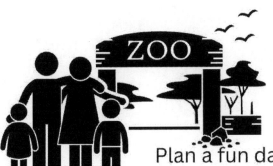

Plan a fun day with the family. Pack your drinks and food and head over to the Zoo! Here you can see over 2,300 animals, with over 200 species that are native to Trinidad and Tobago.

 **Raja and Rani are Bengal Tigers born in Trinidad.**

 FREE ACTIVITY: After exploring the animals in the zoo, head over to the Botanical Gardens for a day of fun. Find a hut, or a shady tree, and set up your picnic baskets. Adults can enjoy the scenery or their favorite book, while the kids run around and enjoy the outdoors.

Farmers Market

```
L X L Q A N F X A E S Q S K T I C P E K U G C N V T D J G P
I E J A K N C D Q L N W B V J K C L S D S Q L C R M D T K V
Q V T O P K A I K S G I C B P U L N I A B D A S A K P R F U
B L C T T I S H H C S H O W O S I F B H H E J A H X O L K D
O N H Y U A S Z S M E Q Y C C W G E M T O B Z S S H W Y W N
D H R N F C T E Z G I B B U H J Z E R L N J R K K M A S D D
I A S F I L E O L B H Y H T R I M R A A N U T N O Q M W Z A
T O K U O F C H P W P G V Z O Z V Y C T T X I P J D N A H F
G Y S C B V E O C T F B Z N B T A E C D T T U H N Q F O M D
V B X Z Z N L T R C E U I K Y P Z K G C N M E N Y Z D Z M X
P C N S Z B E P O B R E W O L F I L U A C T R H J W T M W E
R T U C O R R E I R N B W I J V K M M R B T U S C V W T N X
E E J C C R Y P H M U T G S M H T V Z I H B M H E S W U U B
I Y P D U H R P D S E B Y I A P Y G N L A B A W J E R B K Q
Z Z G P C M P E O I A N M O K C J C W I I P O C G I U D G K
Q D X R E M B R L E T D T P R B Z C Y E G D J P T M Q E K K
D S U Z W P X E O B V Q E O D W E P Z Z A I R O E U F Y E I
G V T O M A T O R G T M P E P U M P K I N S N X V S N A A J
J Y G R Y E Y E U A S V V Z A I Q I N Y H H G W U Z W J B Z
P L T E J B K G E Z G E H M H W Q D C U A H P A T C H O I I
R C J M K N I E T W R P K Q F G Y C A N C M X B U S H U I R
K Z V C Q Z A Z C D S W S R E D K B V D F G J T C X E H C Q
O F U W Q K V B U P E Y B Y G M C N J R R Y K W F A A K D E
J Z N B J R Q F V W E W J P Z K T D I T A S Q Q N K Q R L Y
B M S Y V L N U B W P K Z W V B K E P A W M D Q U K Y S T R
J L L H M R R Z H A R M T O F B G L L Q T E B D M Q A Y C Z
A T X P Z Z C B E K O A O Z L L J P B S G N T Y U M A M U R
O F A F N B S D M Y D C X R T D D I P Q G M A Q E J N D D A
N I K J O F Y D Y K Z U O Y Z G O Q Z U Q O J L I K R U X D
F G J N Y U C L W M O L D C T D F D A C S X U Z P N J N O E
```

SEIM   SWEET POTATO   HOT PEPPER   DASHEEN BUSH   CARILIE

SWEET PEPPER   PLANTAIN   CELERY   COCOA   LETTUCE   TOMATO

PATCHOI   CAULIFLOWER   CUCUMBER   PUMPKIN   CABBAGE   PIMENTO

BHAIGAN   BODI   OCHRO   YAM   CHIVE   SORREL

Farmers Market

FUN FACT: TRINIDAD WAS KNOWN FOR ITS SUGAR CANE PRODUCTION AND WAS THE LARGEST SUGAR EXPORTER IN THE CARIBBEAN.

1975: The Caroni Limited was the largest employer in the agricultural sector.

2003: Caroni Limited closure; this caused a devastating impact on the agriculture sector and food security. The company also ventured into citrus, rice, and livestock.

A vast variety of fruits and vegetables are harvested locally; some produce are exported. Many people have created their organic kitchen gardens. Some farmers have explored hydroponic and aquaponic systems.

The cocoa industry created a new generation of entrepreneurs using one of the world's highest graded cocoa beans. In 2015, the first cocoa bean processing factory (Trinidad and Tobago Fine Cocoa Company) was initiated, selling their Steelpan Chocolate Selection at Artisan du Chocolat in London.
Trinidad was the world's third highest producer, exporting 30,000 tons of beans per year. Today, only 500 tons are produced per annum.

Brechin Castle was built to house farmers.

The National Seed Bank is responsible for conserving germplasm of key crops: ochro, pigeon peas, corn, bodi, and pumpkin. These local seeds can be bought at all county offices.

Feathered Friends

```
P K J C V G D D A N K T I U Q A N A N A B X P C T Q T N X M
Q N X D F J P I G E O N W W Y N N A E J E U L B O S Z A B O
W W T O R R A P D E G N I W E G N A R O R N I K J K G N E J
H T R A N I T N Y N O H W V X W M F C P U D L S I F L F N Z
I A Q E Y T B J G G F H U M M I N G B I R D Z N Y Z C Q J S
T Y Y V D A H G Z S W K P G N K H Y H M L S J I J P J J L C
E E G F L A M I N G O L B L Y L Y M G D H E I I G Z T M N A
B S B T J D F D U I Y O V F X C I M Y R A I P L W G R R W R
E S N Q Y Z O A R S K Q X Y L R J Q K U Z Q P N I L Y B H L
A Z I Y K L Y R V I T C B J K M L H P L O V E R W J G B O E
R X R H T N O I I A B F O O W N P W H V U B W O V O Y T J T
D C S J C N K Z C J C L O M L X F Q C Q A T O Y D H R V R I
E J P Y J I I T Q J O K L K R N A Q U B G W N B J Q B B D B
D R M Q Z F C Z C U O D Z E R N G K L V J P U N I W A P R I
M O H K A D W J Z U T A U C B Y E O L O K E L I L J J F D S
A O I L B I R D H J H E L H Q D B Q M Z M E Y X B M A P Q K
N H L J W C D I G I W Y S U T S E Z G N W O P C E U G L T P
A B E W X L S L B R Q Q U O J O O D M X E W N S O C Z R L D
K C P U Z M E M U N R E B K J P J H R Z E R Y S E R F H G T
I R B C J C L K N F R C Q F K V I U R A J Z W E Z L B Z G O
N S H I V M O R Z A D O S A U N M T D S E T J E V I U E T B
X N S A C V O C I R C O C T V O N K L U W B F C S E P I A F
F Z A E P Z U T O D K U B P C G M L O J I L O M O U S T C U
O A C Z O H X I M A G G T F C B X U I S X Z P A W Y O W B B
G M O J Y Z U I Y O T C C Z H Z Y I J O H Z J W T F Z H X T
X O U R G E U T D K T H P T H L V O E U E K B N N T F V F M
A Y Y X Z I C Q P M B R R L Q A B A S R C D V K B M A H S Z
J L F E N K I S K A D E E U X F Y I H Y M V T P K Z R I D X
A H G R Y M H R N K E M G H S T V C P A Q X N S V R S F L A
T P G N F Z V O S Q Y L H F E H D M M H V R T B U T S C B Q
```

BEARDED BELLBIRD   WHITE-BEARDED MANAKIN   ORANGE-WINGED PARROT

CORN BIRD   KISKADEE   FLAMINGO   BANANAQUIT   BLUE JEAN   SCARLET IBIS

BOAT TAIL   HUMMINGBIRD   BROWN PELICAN   HOUSE WREN   COCOA THRUSH

MOCKINGBIRD   CORBEAU   PLOVER   OILBIRD   PIGEON   COCRICO   MOTMOT

Feathered Friends

NATIONAL BIRDS:

SCARLET IBIS

Cocrico

FUN FACT

The Scarlet Ibis can be seen in abundance during April to June, at the Caroni Bird Sanctuary.

Cocrico = Tobago Pheasant

Both national birds can be found on the Trinidad and Tobago coat of arms.

The hummingbird, Mot-Mot, Scarlet Ibis, and Cocrico are featured on our bank notes.

French Named Settlements

```
M P J M G K A A K I Q M B P E X G O X E Q J M I X U O E C V
T M T G D A A X K P H G C I D I A R F E C C C D I O Z R I I
H G Y D K M M E U M M T Y F S R P H L L W C O X C J E W Q K
R M T Z M C C V E A H N C S S A N S S O U C I B T Y U Y X U
Q N R D F H Z Y Q T E V Q R I F S T X E L L I T N E V A L P
T Z A L O Z B M O A X T R D Q Z L I N Q F T A O Y D O D N O
E N V N M C G N T V Q G O G F Z E V L A Y E C M X M B T R S
J H O F I F H F B O N A C C O R D X Z T V N P A B Y A H P Y
F P C M Z D P A N T J L S G S H F W X E N R C A R E N A G E
S R A I L R C Y R Y N G I S S E V T I B J I O Q B C A T A D
R T T B E C Y Q L C Q O F X C L D P T E Q O M X B Z U D J
U C L Q X V B R Y U O A U U O R Z X C H E X S P E N A L D I
N Z E N N Z J M F Q S T R V W S V M L P W I G T J S E X C X
R V J Q V W L I Y U X R T I K C R D I H C J G D G S I C D O
U Y H V I P T W E E E J U E Y K U I L L P S P T T B H N Y F
A I M U B W A V O G T T E V X B Z U A D K A A U A H C B H
B L S U K A H T T M T C A L L I S S U O R L F P X Z Q S C D
D E P E Y T U F I E L Z U M C F L H D G E N O L T H N E K S
A X R R A C R J K J O J J C U S L M I T R T O R F P R B Z
X D L E Z Z A L P C C H C E C Z H P E F T F W T L Z O M Q X
M L I O I Q A D A Y G K J U J W U P M A Q H M R T N N M Q A
R C H Y K V T X B S K Y L P Z N R T J A K I O M D B F Z Y Q
K O N C I V I E A S V Y B K X C F P R B H A U E B E O E U M
J H H T G K C R L U N O G I U J N Z U D W C N K A U I J N Y
U H P B Y E M R E O E U H E L A Z S S G N C T G E D I P H T
T L L T Q F R N M D C L D C P F M T I T A T D L G L P J T H
M E S U E S S I H C N A L B G P U F Q I I J O U D P T A A O
I Z U B J B U N J U X A B D J L L S T E B J R U Z S Q C D E
V T M F Y Q P T D G U G R L J X L G X C J A R U E H Z H V F
Z R Q L W N S G B E I N U G A L O E P W B C Q K V R G C P Z
```

CARENAGE   LAVENTILLE   BELMONT   LAMBEAU   VESSIGNY   ROUSSILLAC

BON ACCORD   SANS SOUCI   MOUNT D'OR   POINT LISAS   LES COTEAUX

GRANDE RIVIERE   CHAMPS FLEURS   CHARLOTTEVILLE   BLANCHISSEUSE

BACOLET   PENAL   MORVANT   BICHE   AVOCAT

French Named Settlements

Trinidad was never claimed by the French. However, Tobago was colonized by France in the 17th century.

Merci

There is still a strong French influence, and in some rural areas, people speak Patois – broken French or French Creole.

THE 1790'S CONSISTED OF MANY FRENCH CREOLES, WHICH WERE CONSIDERED UPPER WHITE CLASS, CREATING A POWERFUL FRENCH CULTURAL INFLUENCE.

Creole cooking is one of the many French and African influences in the country.

Gems of Tobago

```
A O H S X J L E F A H C S M E E E K D D L N E I Z S L K Y C
Z L D A X V Z O E G X F C N N L K F M P C V B O L I L Q W I
N P Y S G J I O O V V O I W Z M U D H O U S E M U S E U M S
C S W P I G E O N P O I N T E L I S I N P S T G K Y Q M X T
H O Z B M U P X J E N E G U A G L L C S I T U A T E C V U D
A D I F O R T M I L F O R D R A T U J R Y O X X F T A R U A
R R W A P D A Q F L W Z L B C M I N S Q Y R D L Q Z Z X W J
L T B H F Y K K N D A R B Y J D P J S L Z E C M U P S A B K
O V D M B U B O W F Y K J X N S Y Q R F L B K N P V B C I X
T U N Q X H T N D Q L Y G R Z P Z A W E M A I J Y W W A X L
T B O B J B I S A C L O V P G H K D R Z M Y F O H R W Y C K
E C Z K A S N E D R A G L A C I N A T O B Q I W P J U C A T
V P K J L E I W L B G R L A X Z O Q O F U N H S O I W O V W
I N N G Y P Q G H D A T G J V T F H E K R O B I K B O R A V
L K G F I F G M Y L V O R Y M B E O Q G T M U G P G N B Y X
L F N I N E U Q W Z H K I O L X E U Z X I A C U J E I I R G
E U X P W Y E R P U F N M W F E G W S V H N C E C Z W N A H
M V G E I Z A L E E H W R E T A W E L A V S O N R A A W A R
H H B W V N Y B C T I E O G D G S A Q J J L O Q P J D I J K
I S B G P G N M A T F P S F P U Y H T S Z A R M A C V L D B
W Q K A Y C K P I R A T E S B A Y C Z E J N E Y Q Z U D Z X
B Y I P F Y A B S N A M H S I L G N E O R D E T M E R L B V
Z P O G A B O T E L T T I L X W E F R X U F F A R U W I I I
D X U E L F P F Z H C N S F B H H F F D T O A V K H P F N Y
U Y N A P E V V H N H A B A O E N I F A Y Y J L C J G E L E
T T Z G I A O A K H D R E R C E G Q X E I I O W L N M W B M
C J B N K R W V P J G L B E W M H E W E W V C W I H L M S K
S W K L L D F O R T K I N G G E O R G E S N L B G Y J K K Q
K V I G L B Z C U H B A J J G L J M R L Y Y L Y F Q J N K K
B I M M V C H C A E B R E I V U T A L R A P T R G P O H G X
```

ARGYLE WATERFALL   FORT KING GEORGE   PARLATUVIER BEACH

CORBIN WILDLIFE   NO MAN'S LAND   MUD HOUSE MUSEUM

BOTANICAL GARDENS   ENGLISHMAN'S BAY   ARNOS VALE WATERWHEEL

LITTLE TOBAGO   BUCCOO REEF   RAINBOW FALLS   CASTARA BAY

PIGEON POINT   CHARLOTTEVILLE   NYLON POOL   FORT GRANBY

STORE BAY   FORT MILFORD   PIRATE'S BAY

Gems of Tobago

ONE OF THE MOST POPULAR PLACES TO VISIT IS THE NYLON POOL AND BUCCOO REEF, BOTH ACCESSIBLE BY BOAT FROM PIGEON POINT. THE NYLON POOL IS A CRYSTAL-CLEAR POOL ABOUT 3FT DEEP LOCATED IN THE MIDDLE OF THE OCEAN.

Little Tobago (Bird of Paradise Island) is a small island off the north-eastern coast of Tobago.
Known For: Birdwatching.
It is the breeding site for many seabirds and a wildlife reserve.

There are seven forts in Tobago.

Fort Granby: the second oldest fort on the island
Fact: it was the first British fortification built in the 1765 to protect the short-lived former capital, Georgetown.

Arnos Vale Waterwheel
Location: Plymouth
Fact: the site of an old sugar factory that was built in 1857.

FOR THE ULTIMATE BEACH EXPERIENCE, HEAD TO NO MAN'S LAND.
ACCESSIBLE BY BOAT ONLY!
DESCRIPTION: PRISTINE WHITE CORAL SAND BEACH WITH CLEAR SHALLOW WATERS THAT STRETCHES OUT INTO THE BON ACCORD LAGOON.

History of Petroleum

```
Y J J U R E P S O L E X P L O R A T I O N E W A T Q O G M H
U I B Z Y T U S I N V I P O V U M E X S H A N W R T R W O Z
V F R M W E T E A P W P T P V E I O J A W V W L G F M T S T
X S F C V A U M M T R A N D O L P H R U S T Z L L E A A B W
J P T S E G R I O C U T A D P N O Q B N L T P E G Y Q B R K
X A W S K W N V W G S V T R F O C L V A P K P K J J F A I M
T Q B P C K Q L A A N O U H G G F S M R D P A T G B R Q B R
S F I Z B O P X C C E S R X W G O F Q C T T L I O E D U R C
I G F B A U T C A I E F A V M E O C B O V O G P S T M I G Q
L X V R O A H N R J T R L V V O F R Z E V M C W D X P T S A
X D R L M R Z O I Z M N G D X K Y Q U H D D C A J A Y E E W
R A Y N Y U M P A R Y N A P M O C C A M I R E M Y T X F D Q
C X U R T G B I W T T J S L H N F V L Q X D P G R O C I D H
P H Z X K T V A E P Q B F D T H K U S Q S W X Z Z W P E W I
S R O S S E C O R P S A G K R A P X I N E O H P F Q K L T Z
F F K Y Z U V X N D X W A L T E R D A R W E N T B R Z D H T
P C X N N T N A L P L O N A H T E M U L I O S R A D E I H W
O D V G T O G F Q I P P T O F Z I H M C R R V B W O P G W Y
X X W D P H U B M G Z A F H T S W H D U X O W R W B C H P L
K E V Z M X G A H Y W Y R N Y I A A D G I A R I P E R O O G
V Q V A K O H L F L G T V I H K L G P T F F Q G Z F S M M R
Z Q A D L P E T R O T R I N A W A L H K X I W H X S X E P A
M D P P F A U Q Y X Y M M R H O F E I S W O D T B H G O N M
Z U S I T Y F M F X C E R D H L I I E B I P G O E M W I F O
R F D S M N L T V M R Z L U Q C W L U L P T H N N B G H N K
T A G F F O E P R C Z L E I K A C V C C X H I J K G W A O X
V I W S M R O F T A L P E R O H S F F O T H B R T Y T N U V
L H B S B M H L I G L U L O J U Q K L C R D M W B U A E P P
W Z T M U P I P P Z D J U Y Z S K O D P I B S G L S V I I O
A Y T A E R T K R O W E M A R F N O I T A Z I T I N U T Z J
```

REPSOL EXPLORATION   UNITIZATION FRAMEWORK TREATY   MR. LEE LUM

PHOENIX PARK GAS PROCESSORS   TABAQUITE FIELD   TRINTOC

NATURAL GAS   ATLANTIC LNG   BHP BILLITON   BRITISH GAS   PARIA OIL CO

RANDOLPH RUST   METHANOL PLANT   MERIMAC COMPANY   APEX

WALTER DARWENT   OFFSHORE PLATFORMS   AMOCO   CRUDE OIL

PETROTRIN   BRIGHTON   ARIPERO

History of Petroleum

Pitch Lake, 1857: The first well drilled in Trinidad by Merrimac Company.

South Trinidad, 1865: The Paria Oil Co. was founded by Walter Darwent.

Pitch Lake, La Brea, 1908: commercial oil production began.

Brighton, La Brea, 1910: The first export cargo of Crude oil was shipped by tanker.

East Coast, 1971: Natural Gas was discovered.

1993: The Petroleum Gas Company of Trinidad & Tobago (Petrotrin) was officially registered.

Kapok Field, 2002: BpTT began installation of the world's second largest natural gas processing production platform.

2018: Petrotrin was officially closed after operating for 101 years.

It's Christmas Time

```
B R M M L N Z Q J W W Y U G I F T E X C H A N G E T X J D B
U G U Q O P K E C K I J O B V J K Y F P P H I L G H Y U C J
X R Q A W S I Z D X P A Z B F B X M R Y A E Z I E X O K I L
B E F T T Y G V Y P Y S P N U Z V G U S R M J D A H U V I T
Y B N B P O N C H E D E C R E M E A I U A U H X G O J F G R
F E W I G K O S N A K A K G R X C R T N N I M O C P Z D A W
R N O V W T Y Y J V F Y G R F K R H C Z G Z T P D E L J C T
G W Q K R E Y K F Q B O X R U W V A A W D E A T X L Y B B M
I X J O W K D S J W U I Z B O T S A K V C Q R O E D F U X X
G F P O L R W A C S N O I T A R O C E D X E Q B Z S V E W G
M I D N I G H T M A S S W O V B J E B S U V E C E A N E L B
V Y E U M K H M M E J R R D B L A C K C A K E A B E M I R X
N R B U M A A Z G D M Y W G L S K S L N S V S T N L R A O Y
F B L P C C H O W C H O W V G Y J C H C Z J I W P K D M S P
T T Q V K D B D V E T U H L E C V Y Q K G L K L C I M A P T
F X K Z F R Y J N H T S E Q P Q S P N G K P M N P J I Q F R
I X S U X M J V O A Y L F O A O G H L M F I Y X O L O P K P
Q T A U R F D I T Y D L I R R S O J V O L G I Z Y N P W Y Q
Z E A B V H I K B Y W A C Z H D I T Z W G G B L V T I E J M
R C B O I L R P R D I D E H E G X F F N E Z I N L Q V R C W
N A Z H V J Q H R O L E R R O S V E N N T P R F R T P C S J
X U H M D Z L G M Q D K W L B G N I P P O H S I S H V Q N E
X N Y A I U C K L Z M W M U H I A F K A U K W O X M C C I Q
E W L I Q V C N M J E K D G W C D I Y G S P F C J R C V Z E
S P R S I W J Z Q Y A N I E B S F R M A J T A Y G F D B E B
X E N B Y D J I S V T U P G K T U Q G C A I E R G J F B Z J
J F X C D O E E M O D B H V T I N C R R Q Y R L A Q H K M J
B C C L P W Q E E J Y J Z L B R Q Q C Q W H V Z L M V Q M Q
X H A H D V P U N B X X U D B V U V B L O M P A W E I T F T
Y L J V X R M D F Q B V Q Y R U K C K S Y G Q V M V S N U Y
```

CHOW-CHOW   GIFT EXCHANGE   DECORATIONS   BLACK CAKE

GINGER BEER   PASTELLES   PARAMIN   POINSETTIAS   FRUIT CAKE

WILD MEAT   PONCHE-DE-CRÈME   MIDNIGHT MASS

BREAD AND HAM   HOMEMADE WINE   TURKEY   BABASH

SORREL   RUM   PARANG

It's Christmas Time

THE BUSIEST TIME OF THE YEAR AND EVERYONE IS FULL OF CHEER. ALL THE MALLS AND STREETS ARE PACKED WITH PEOPLE PREPARING FOR THE SEASON.

Most people paint their homes, buy new furniture, curtains, decorations, and lights. Some neighbors even compete for the best decorated house.

Traditional and Soca Parang are the music of the season and is played everywhere including radio stations. House to House Parang is well enjoyed by all. This is where Paranderos (a group of musicians) visit homes in communities and entertain them by singing and dancing. They are welcomed with food and drinks.

PARTING ✔

LIMING ✔

DRINKING ✔

GIFT EXCHANGE ✔

SPENDING TIME WITH FAMILY AND FRIENDS ✔

On Christmas day some people attend mass. The majority of households invite their family and friends over to have their traditional meals, which include homemade bread, ham, turkey, chow-chow, black cake, fruit cake, Ponche-de-crème, and sorrel.

Jump Up in a Band

```
H G N V G M U W I Y F H X Y S C Y G W W J M A K D N K A I N
F Y N T S C I D E M Y T R I D R Q Z R E N O Y Y T H Y D P Q
Z T P A H P Y X B R X K V R D I D I Y B U W K F B S B I G D
S F U O G E V D P I C Y G H I S J V W O N F F R Z S S A Y Y
Q E O E B B L Z R D K K O K O E F T Z D X Z Y A V R Y M I B
S D I R T Y D O Z E N S C V G S C X N P U K S V Q M N U L E
M O Z B A L Z A S I H G U U V I F K Y J H D S K G L Q T M J
X C L E M Y J V O T K M S T D T U B X N I C G J O G S S J A
R I A I L U K V G R T L H Q R T R E E D S M I Q N Y Y L X G
M Z P U S W J T S D E R A U D E V I M S D X X U Z U K T P O
Z K K G H D O T J A Q H I V T G V G N Q V J T I W W E S M F
H Q V C N G Z Z R A M E T B I O A U Y I Q E B G P U B Z S M
Y R J A C A S B K E J E W R E R P Y O I R U I N A N I V Y U
T A U R L K Y R U V V J L K O Q N I S J T E D X G S T U T J
W R T N U L C L E B H U D T G F E A A A E I V M B N X E G B
B A E I T J A H U D J O O Z E A S O C M M V K E X G Z A G T
M M J V K V H Y O S D W R J V P S D K E A E O U L L K Y Y V
D L K A U W R V A C M U B A J F J B N V R S E L K L F L E Y
Q A A L L O H C A C O B M G L R O I T E D U F W E C E S Q H
S C P R B S J F Z Y K L M N A C S I G A I B P Y T W T R C L
N K P O V P X D Z A W Q A N U N D B P M G R A F D P E I S Q
K V P G S F Z I A L L U S T T F D N T X R R F Y T N R E J D
A I S U O X E V M M X U J X E Q M E A G A E G J V U A V Z L
T L W E J O W M V I S I G Y Z C N J E E S D V T G U T C L V
B L A F S V O S G C P O A I H U I I I U I A V C J K K L I K
X E E J L K F C L A Y J O U V E R T S S R N K M L H T M W D
Y D P R X G G T X G G Q I N D R X F Y H V T N A H V O S L O
S S Z H R S U G N C C Z A O M Y Y B G D Z S B O W B O C Q N
B P Z R A P S J M O F J D X R K E I V A O I B N R G D E H F
S T Q C X I S Q M O O R P X C S L X S V I M R B I W G G B U
```

THE LOST TRIBE   TRINI REVELLERS   CHOCOLATE CITY   M.A.D. J'OUVERT

YUMA   CARNIVAL ROGUE   EXOUSIA   LACKVILLE   RED ANTS   FETE RAT

ICANDY   MARDI GRAS   PETLEMAS   DUCK CREW   RONNIE AND CLARO

FRIENDS FOR THE ROAD   J'OUVERT JUMBIES   WEE MAS   WE LOVE J'OUVERT

PURE CARNIVAL   CLAY J'OUVERT   DIRTY MEDICS   FUN MUDDERS

UTOPIA MAS   DIRTY DOZEN.

Jump Up in a Band

- Your budget determines which band you play with and sometimes group rates apply. If it's your first time, browse through the band's website, social media pages, and reviews and see what is offered in their packages. New bands emerge every year, so do your research before committing to a purchase.
- Packages can include costumes, goody bags, drinks, breakfast, music trucks, tight security, and a before and after party. You don't need to book your costume in advance.
- If you live further away from Port of Spain, you can enjoy smaller vibes experience in Tunapuna (East Trinidad), Central, South, and Tobago.
- **Recommendation**: if you are planning to play mas, as well as experience J'ouvert, pace yourself with drinks, hydrate, and take a small nap.
- Carnival bands consist of three categories; small, medium, and large. These bands can determine how many sections are available. Large bands can have up to 12 sections and range from 3,000-9,000 revelers. Most bands are led by a King and a Queen who normally wear the largest costume pieces.
- The bands consist of male costumes, female frontline, and backline costumes. Each band has its unique creation based on their theme.
- Most band launches their costume profile the previous year during June to September. Costumes are sold quickly after the band launches and it is advised that you book your costumes at least six months in advance, especially with the popular bands.
- Tribe was the first band to launch the All-Inclusive concept and is one of the largest bands today.
- In 2020, Ronnie and Caro amazed the public with their presentation, "Cry of Serengeti" and won the most Colorful Downtown Band and placed second in the large band category for best Downtown bands.
- If you played mas in the 90's, then you will remember bands such as Poison, Legends, Barbarossa, Peter Minshall, Harts, and George Bailey.

Majestic Little Islands

```
X C Y J Y R W X E J H E C J N H K A Y V I E Q F Z T O W C R
R E H U E A J A B K J D G T J O S S A X H Z G R V N H L X J
K O F D T P Q K H K G N I D O H B Q E A C I L W W S E P N I
J V R H M Y T Z C U R R P B X W F R O U Q O X K V L K L F J
M D U D T K V Q Z X T M R R R I E I G N G S V T Z O B B D Y
D M D X O Q I S M R N A C I L E P N H O X G P Q W A Q O A N
C T B Q L S G U Z V E X G A S P A R I L L O I S L A N D R Z
A J S Z W I D M W F R R R J O E Y B U V W X L S G G R Y Z Q
R A J P P S G A Y I B E G O L S K F K M A N Z I W O R C R W
R O N J M T Z Y G B A N Y Q D E H Z S S P W S E L O Q F A Y
E V H N T E L O C Y P P Q T A U K Y P T M E A D B T K R J F
R R U T N R D S Z H I E D J D A L W O G K I W W R I P P E K
A T K B V S B U X U J H I P O N E Q X I M Z S J Y O J T G C
R B D Y T R F X U K B S C U R S W Q B L Z M V J U R C D A P
H F G Z T O L Q U N V N R P O Z E V K E P L X S M D B C S O
L Q M B D C U Y Z N Q Z L Q C S B F A S K R U K Z V Q F U V
M V D X G K V H Q H N H C S K W J N X K O E H S Q K A O U T
N R Q T I M N T O G H F F Q Q H Q M Z I O N D W K C E J T F
T T L A X C M A H C I G Z V U A L H A R Z K O R Y O R W B S
V I S I C I R Q G B H O A Z W N N G M H U R T M L I I Q D U
L B I N Q O T O J A B A V S W E A S D L C T T N A G C X H C
V Z G L Q U B C N L N T C C P G Y F J F P D X P P P J F G M
E Z Q P J O Y C C S F E A A T A H Y N U W B P N F V U T Y A
I O G A B O T E L T T I L K C O R N O L A R A F K E D I A E
P M M A H H T W Y R K A E Y V H Z G Y Q R E Z S B M S T F H
O I Q A X D V W Q A U C D Z G G A O R B U G D H D X U M F U
A B M A C M M A S C Q Y O T A M M C U A A E A T Y D Y T S D
W X A O K X P N E L S O N R L W R C A Y N V R J U C R Y P P
V C C T Y U Z A S B K L I T R W N A L R P D B W D A K J C R
O I G Z T J T Y Q D X S A T Z A Z K I J E D E P N Y S W H K
```

LENAGAN   ST. GILES   CRONSTADT   LITTLE TOBAGO   CALEDONIA

SOLDADO ROCK   FARALON ROCK   SISTERS' ROCK   SAUT D'EAU

GASPAR GRANDE   CARRERA   CHACACHACARE   GASPARILLO ISLAND

MONOS   ROCK   NELSON   PELICAN   GOAT

Majestic Little Islands

Down d Islands: tiny islands scattered off Trinidad's north-western peninsula

To experience a true Down d Island life, visit Gasparee and Monos Islands.
It's the perfect family vacation and spots for fishing.
Possible Spotting: Dolphins
Gasparee islands are famous for its Bocas centipede

Chacachacare Island
Spotted By: Christopher Columbus on his 3rd voyage in 1498, and named it 'Port of Cats'. Northern Part: a Lighthouse that was built in 1897. There is also a functional Hindu Temple on the island, founded in 1945.

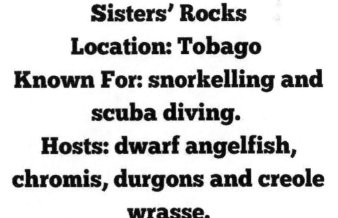

Sisters' Rocks
Location: Tobago
Known For: snorkelling and
scuba diving.
Hosts: dwarf angelfish,
chromis, durgons and creole
wrasse.

Carrera Island
Known As: a prison island for the most vicious criminals.
Historically: Before the island was used as a prison, it was an auxiliary hospital to the Colonial Hospital.

Marine Species

```
O L N S B I H S T G X T G V B R P K S C M D C T Y F I D Z Q
L M P U P P Y S H A R K L C K G O C F Y B S Q X V X C O L Y
Q U G E A C A R I T E E T S K X D D G B K H Y J A P H W H Z
I K G M D C R P X F B N A A O H Q E E Y G S E J S D L D X J
P J R I M S H Y T S G E F F V B O J O G M C L W H X K L Z X
R Y O A E G A I W Z I N Y L E Y Z Y L B H C D L S Z B W E W
G O U Q R M K F N O N M I M A G W A H O O U Z Q T N G L W S
B B P R M C D V H N T E S Y E S I M T W K A P S J A P T E A
H A E C E I N X U P N J R M L F S M K E C G N L Z H P K E D
U R R Z B A N H N A L D M E D F P D L F I V O F O H E N L O
N Z E G T Y A O P X N E B O C T W A D Z G O C D K S P S Z O
C H X P R D R L L Y O U M V W R W W M T V P E O N U Z L W V
H A B L P S U E J T W D T B N U C P G P R D U E A J O X Q Z
E M C U P A D C I Y U L F N I T P I J U A K N V W W N I D R
S M K T L D N B V N O Y B B I N A A V F T N W D K R D W D H
I E Q K E K E S L H O N I P G F H R L H C Q O Y O P J U L O
S R W N N Z R D I U J M T Q Y T W Y P Y C L G S F U K G M V
S H T X K O E R A L E P L B P Q Y O H O F M J Z R F R Z Q M
Z E K T I L S V Y S L M Q A T Q P V L S N C R X O E T S F E
G A D U N N G L Z V Q A A R S E U K F L I X S V W Z Y I H E
A D L G G U G C E E L O V R P R P O T W E F M B H I U Y C N
W S D R F B R D O R D E R A L V I U G R K Y D Q L T F Y S G
U H L M I A K G K S E Z Y C C I J B U M O S W E D H F C H U
O A G C S T F J T T N K H U O J N O B Z K Y E U R W E W T G
B R S X H C J Y O P T O C D E R O B F R S J F M I O S P E Z
E K M D L J P O B R L P N A R B C S Z S B M L H L N Z G H F
S I K S B J O Q U W S W I Y M C U O U S N M Z Z S F I W N
G S Z U J B Z Y U U V A J W X U X X H N H E Y T P I O L B C
Q X Z P P A G Z B U V V D X P C O O H K B B O X L H L F I I
C H A J O W U F K Q A W J V E D Q B E Y P P A W V C T Y Q M
```

TARPON   SALMON   KINGFISH   CRO-CRO   GROUPER   SNAPPER

RED FISH   MACKEREL   BLUE MARLIN   FLYING FISH   BARRACUDA

HAMMERHEAD SHARK   YELLOWFIN TUNA   PAMPANO   PUPPY SHARK

GRUNT   CARITE   CAVALLI   WAHOO

Marine Species

FISHING is a common recreational activity.

It is normal to see families setting up fishing rods to try their luck while out for a swim...

SUPPORT OUR FISHERMEN: BUY LOCAL FISH

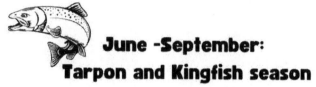

June -September: Tarpon and Kingfish season

The Trinidad and Tobago Game Fishing Association was founded on October 22, 1986. Tournaments held in Trinidad includes the Kingfish Tournament, Tarpon Tournament, and the Wahoo Tournament.

There is also a Junior Tournament, that attracts approximately 100 kids. They learn fishing techniques and safety at sea during the summer holiday.

MARACAS BEACH: Popular location to eat fish with fried bake or fries.

Macqueripe Bay is one of the beaches that spear fishing can be done because of its rocky coral area.

Natural Vitamins

```
Y F X R S B K Z Z J S E N W C B L I T W Z H F J L L X D L D
F U W B Y T Y U I C R V W V H R M J Q A G T A V D Y M O K O
I H V Z B U I T E O R A N G E C G S O B M J P J H E D B J T
J T C I W D P U N R N O M N N A Y P Y R A A N P Q S Z I U P
P P C A O H C M R Q P F I V E F I N G E R S R Z K A Y D K Y
G O U L O F E C Y F K R O P T A F N Q U K U O I J P M O Q B
B M S H D X O U J A N Y M S T Y C I Y Q I N D S N O N Z V N
A M M R F D C V K E F O N W E H S A C Z P W P I G D R V S E
I E Q D U G Z G C G M I I D H H K X E J E D A X W I L Z P U
A R Q E A O L A Y L O J Z S H H S L Z N W V O P C L K B I M
C A Q X J N S P T F Z F W L S H B X G A N R V K W L V E L W
E C C S N E S X P N R H L A A H D I T M A P R Z A S D U I
R S Y V H L A D Q M L U N A I C P N E T I M I A C I P U M O
E M A N J D Z I K G A T A L A B Z T R C P M C X D C Y R Q F
S X I E Q G B Z J T M N A D J J G A T P H P T H J Z P X X K
O T K C H N M U C T Z L G Z K M Y L P I N U Q I O V V W X O
W B N W V Z C K R G W J L O L M S M Y S J K I Q M L B A T B
E X G Z F J U W E S L Y N K O H P Y Y W A T E R M E L O N O
Z A J U E J H X Z F A P O R T U G A L Y D T Q F U Q Q L K B
G X E Z D B N O T C V P O P F N K I V R S S O R R W D X Y P
V F P Z K K A C J M C D R E R T J K O A A T J B V S B Y C M
S I X J I B G K N O G O V E R N O R P L U M N M H U N Y L D
X C R P F D V K R B O N R L B X T F X O N G B T U G S O F E
U N A G Q T S Z X Z J G M M K U E I T O U C W U T A L V N N
Y E W O I T Z D C B Y S L P B W K A A L A I S H T R F U T L
G P D K X R A E S S T Y G D G V S M P M U Q K O U A A K Z J
D T V S H Z G V S Y D W I E D P O G A L E S S D C P N U E E
I W Y N L Q J M K E E T L O E Y S L R D G S K L A P C M T K
V S C T E K T U V T Y P L H M U I R Z Z Z I M G Q L C K G B
M X M L O E F H V L Y V R X W W S M Q S Q J I B A E I Z S J
```

CHENETTE   SOURSOP   ORANGE   MANGO   FAT PORK   CAIMITE

CASHEW   PAW-PAW   GOVERNOR PLUM   SUGAR APPLE   PASSION FRUIT

FIVE FINGERS   SAPODILLA   POMMERAC   RAMBUTAN   PORTUGAL

WATERMELON   TAMARIND   DONGS   BALATA   GRI-GRI

CERES   GUAVA

135

Natural Vitamins

From common to exotic... we have an array of unique flavorful fruits filled with lots of vitamins and minerals.

THROWBACK
Breakfast, lunch, and dinner came from the various fruit trees from your yard and the neighbor's backyard too! The days of climbing all the fruits trees are mostly forgotten in today's world of technology.

The most popular fruit used for chow are mangoes. pommerac. pineapple. and sour cherries.

OLD TIME FAVORITE:
Tamarind (Tambran) is used to make delicious sauces, and tambran balls.

Snack N' Ting

```
U S X V R X Q J N N N J A V Q C L S U K Y Y Q G V Y Y X Q Q
D Q G F W Y H R U I A V C I D R U I A O W K T M P W Z M W R
D O A A M F C G K S V K O I T J W B B N B G I Q Y S P J D O
Z L N W E P U O S V V N R T Q X I N P S J P L K K L M O Q X
J E R H J B Y C I S W U N A H R G N Z G H V Q R I G T I K G
W V L I D U K R J A Q Z C S U T K E A X S N X D M T F W J W
C F R U T A U B L A W V U U Q E M O S O S X H L Q D K H K E
Y H E S O S K M T D V O R K D Y O G C E Z Y P W E D C P D S
U U Q Z J R O K X J U S L H I P G Y B P E R S W S A H M Q G
A F X Y I Y L L V Q I W S O D Y V A B D W Z H R H A W O I Y
C P M Q R K C X A Y G K V I S V K S B S R E E H C C S W Q C
F H K M K Z H X F T S E I K V V L Z D C M A J E Z I O X K G
L P O B Z F U R D S S U S D N J Y O X Q L U N C H J O Y S E
T I U C S I B N O B R U O B L J I B E R K C F Q A C A T C H
P P J R O Y B O L E E E B Z Q B S Q P V N W R E J F H H Y N
V Y U I K L Y M T I K P T Q S T F P V S F W V P D Q Z R S Z
L I C X A A A R M R W N P T C J U Y O S P B U H V W Y U W U
C N N L C O K T Q U W W Z S I P E H P T I M M I P R V Y S B
C Q G S V V L J E V Y B M L O B C L H A H B B Q E Z W F D K
M N T N W L Z X N D Q S S D Q O A T P R E G L S A M D Q L O
U V B U D V F T V M I H Q N T I Y R N P C N U A R A X P I X
T Q G D Y N Q P G M U G A X X Z L U U A A U V O D L K J C F
Y L F G H D T J X L S R E M O O Z S S T K X N D R A H C R O
X O Z W H Z Q S J O I N H S F P Y D V Z S U A K A H C B V D
C F R J M G C D R D Y O D G T I E S M F J O W O X Q P C T W
X G B O E Y N M D A U O P U W I V X T O O F G I B C W N K Z
V R O F Y A A S O O B U T B H R V P I N G P O N G W N T Y G
X C Y G A T U I P V I U I D U B M E D U M R A E A P V D I Q
L Q H B V E U M O N B H J A A X B D P D I A P N X W B I F D
E S X F E Q G Q J L O D W T C A D B E I I X O M W U R Z R E
```

ANGOSTURA BITTERS   CHOCOLATE DIGESTIVE   BOURBON BISCUIT   FRUTA

ROUGH TOPS   ZOOMERS   CHEE ZEES   BIG FOOT   CORN CURLS

APPLE J   PING PONG   PEARDRAX   CRIX   CATCH   LUNCH

CHUBBY   SOLO   CHEERS   ORCHARD   TIKI   BUSTA

Snack n' Ting

1824: Angostura Bitters was developed by Dr. Johann Siegert as a medicinal tincture, designed to alleviate stomach ailments.

For over 20 years, Chubby has been enjoyed throughout the Caribbean, targeted for kids ages 4-9 years. It is produced locally by SM Jaleel Company.

FUN FACT

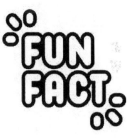

Charles Chocolates, guided by founder Chuck (Charles) Siegel produces snack time favorites such as:

- Lunch ✔
- Catch ✔
- Tiki ✔

It is the leading manufacturer of chocolate confectionary in the Caribbean.

The Charles Family are the owners of Solo Beverages Limited. They are popular for "R & R" - Roti & ah Red Solo, and the popular Apple J, which is paired nicely with a hot doubles.

Spanish Named Settlements

```
P F L Y F L E U B O X Z Z S N N E U K V O H Z K B X Y W P O
T E P A S Y I L A S C U E V A S E Z U Q P X G R I K W M U L
N S F D R C R W D E S Z I T V M L M Z D X Z D X D D N C F O
P H G K B U Y V K O P J H O F U O W X U S U D Y S D E A K T
V L G G L S T M G K R Q Q Y Q U G L J Q R W V C A J S X G E
X D S C L Z Z A E R B A L Y V U N E S V W C S X S H S F A D
O J W Q H F T R M G V B D E Q C Q K Y A X U A Z I M U O V I
H R C K R V L A U N N A B O S G M L D P L X N T A R X Q T M
K N X Y P D W C X Z Y P L W U W I W W F E R J B N S P L A K
G U J F D X D A S R A H I E C V Y V I H C D U J L A R W O Z
R L L V J Y L S A H S G Z G N R C A M V I L A G U M S G I W
N H Q G O X N H N W S V U A X C G P L J X A N A Q Y Z J G N
C E D N A R G E R G N A S T P Z I Z O N H L N B F S U P T Q
U U U U F E A H A I R A T A R A B A U B L Q N T B A X D B X
F B P K L A U Q P R X H R B I O L O P K I E N P A Y T R X U
Q X Y X E B J S H R A L L E B A T S I V M Y S T K D Q O N H
D K O X V H I X A W S K X D Q X E A W P V A P C C U G T R G
A D K Z L P A T E P P S X V C Q Q Q L A S O R A T N A S R R
A A F E Z N R F L G P B G A S P A R I L L O T N M V C S Q D
L E I B T P A U T Y I E P S S U O M G O I K A D P S H P W L
G D T P B C W I F Z F N M N Q R Q P L S E N Y V T L T I I S
U B Y I P V A K M O P V D Z X B O F W E Z X A F D I K H F X
O F H R G T A E W V R I W A J X J C P C M W P Z F I P S N L
Q N Z L E L L V E Z G L N O O R A L C O I R A M N O W X T B
B E E N G R Z W E J K W I W Y V H J O C E S O S S A R B A Z
J J T L Q L F Y E L S O C O R R O T J R P Q N B H X M X B Z
Y Q S N F Y C V R F H G X S D W K M E V X X C E D R O S C
W S K X P F C Y C U W D Q N K A E Z A A K J Z K B H L X P X
Y S L H J F Z D D E U G Z U O J I K A O R E H T W D H S H P
R C O N B N G V O H T U K X N Y U F D R E A G R R X W S X A
```

VALENCIA   SAN JUAN   BARATARIA   VISTABELLA   EL DORADO   RIO CLARO

GASPARILLO   EL SOCORRO   PALO SECO   LAS LOMAS   SANTA CRUZ

MANZANILLA   BRASSO SECO   LAS CUEVAS   SANTA ROSA

SANGRE GRANDE   SAN RAPHAEL   MATURA   LA BREA

MARACAS   TORTUGA   CEDROS

Spanish Named Settlements

1592: St. Joseph, Trinidad: The first Spanish settlers arrived.

DID YOU KNOW?

Did you know that St. Joseph was the first capital of Trinidad? It was founded by Don Antonio de Berrio. It is the oldest town and was initially named San José de Oruña.

Christopher Columbus claimed Trinidad as a Spanish colony on his 3rd voyage in 1498. However, it took approximately 100 years before the Spaniards permanently settled, as indigenous people resisted their settlement.

Spanish settlers brought Roman Catholicism and practices along with their unique food that is still part of the culture today.

Talk Like ah Trini

```
U W U O X L Q P C J G A U P R A M L P L Z G C P R K B V G I
F S K O N R H D K A P C H P Y Q C J F K D O E E U H O N R M
P N E O Z M B I X I U K C S E C Z V D V O J E G A V R G G N
U R B W P Y S X O H T V K J S V U M H P B O S P I M W G I G
T B Z L U B F V L B X A Y Z U O G K N Z Z Y R U Y C B Y R R
Y D X S Q U A L E Y B B E Z D Y P Q A I O Z U D L N G C J E
A U B Y A V E Q M R B H Q B E M G I G Z K B T G E P Q A P J
M Z D J R T E G M A A R S P N U I O R B E Y E D A B O W M A
P E R S W G H J P K D X X I K Z L O C A E J Z S T M U G Y U
E F E C V W F S V E Q M D F T S O L V Z X T Z G K K A Z M C
E K H D H E I G I B I V J S K O I E G M R G Y J H L K M G A
G G B K W L R C E R A B R W M I D I J D L C X I X A K I D F
K E L L F A U G C K Y M O Z X J B C L O W A T V F M L K O
D I Z J M D K C W Z A C H U P I D Z B E N G H O P W K Y U U
C E D T Y X I R B Q V F I W J O K B O S W U H Q J J I N E Y
X G S M M H T V P O U O L L T K P U O E H C W U V N L B U O
X Y C O J T H M P J O U S O D P B T E E L H P A C O B A Z O
R Y F V D D D E F N T H H B B O O H U A P E M W I R K G C E
A Z S K P H N E U D D T U L Z Y U A A N N G C L L D L L N A
M E H S C S D V O L M P F Y Y L W G R I T H W D K K L D L K
C V J F I S Q U U V Y D J O L R J Z L A N A H C C A B Y O L
R A B W O T S K A E M Q F S U L K J N A N E E T P M U M L O
A J R V S O H K M T L D H A P Q A Y S M T V D M A S B A D N
M W K I O J Z G Y W T Q X A B J H V D K E U C R X X F H B R
G T N N W L U V E S S B T F D Z E L G F D Y F Z A D M A C O
Z A Z U H G Z M T I S D N F K D J N W R N P O P X H D O O O
B B F G R V C W A J A N G N A D A G A R W A A F G Z Y I D L
T M I L O B R O K T F I V S X S X F I S Z X U J S N H X D U
S W Q F V N A U D V S X A U O Q F O G S M K D H Z X Q P D V
X R B K O K M D M J M S Q P X X S U I I F S Q F H R R V S K
```

YAMPEE   BAD EYE   FADDAH   OBZOKEE   WAJANG   BOL'FACE

RAGADANG   RAM-CRAM   MAMAGUY   UMPTEEN   BACCHANAL

DOUGLA   CHUPID   DOTISH   LICKRISH   HARDEN

JUMBIE   ZABOCA   MACO   ALLYUH   QUALEY   PO-PO

Talk Like ah Trini

Allyuh- all of you people/group.

Bacchanal- loud quarreling; a wild gathering having a good time, merrymaking.

Bol-Face- an unreasonable, pushy person.

Chupid/Dotish– stupid; silly; dumb; foolish.

Dougla- people mixed with African and East Indian descent.

Jumbie- ghost or spirit.

Lickrish- greedy, someone who eats for eating sake.

Maco- a person who minds other people's business; gossip.

Mamaguy- to ridicule or make fun; mockery.

Obzokee- obese, awkward in shape, twisted.

Po-po- baby or small child.

Qualey- Dried up, wrinkled.

Ragadang- broken down.

Umpteen- too much of anything.

Wajang- a rowdy, bad-mannered person.

Yampee- mucus found at the corner of your eye.

Zaboca- avocado.

Administered Counties

Break the code using the information below. Find each coded letter on the top row, and read down to break the code.

0	1	2	3	4	5	6	7	8	9	10	11	12	13	14	15	16	17	18	19	20	21	22	23	24	25
S	G	O	Q	Z	T	B	D	N	M	I	H	A	C	L	X	Y	V	P	R	U	J	E	F	W	K

17 10 13 5 2 19 10 12

0 12 10 8 5 / 7 12 17 10 7

0 12 10 8 5 / 18 12 5 19 10 13 25

0 12 10 8 5 / 1 22 2 19 1 22

8 12 19 10 17 12

9 12 16 12 19 2

13 12 19 2 8 10

0 12 10 8 5 / 12 8 7 19 22 24

145

Administered Counties

Counties are a historic divisions and boundaries within the country. Trinidad consists of eight and Tobago was once a ward of Saint David County.

Caroni County (four wards):

Chaguanas

Couva

Cunupia

Montserrat

Largest population: Chaguanas

When Trinidad changed to British Rule in 1797, they attempted to change the Cabildo into an English Type municipality, by making it first a Town Council, then a Borough Council. Under new legislations, civil unrest, and political organization, the government divided the country into eight counties; which were subdivided into wards.

Saint George (six wards):
Diego Martin

St. Ann's

Blanchisseuse

Tacarigua

Arima

San Raphael

Saint David's main town is Toco, located on the north-eastern side of Trinidad and Tobago.

Counties and wards still play an essential role in the revenue collected by the government.

The Magnificent Seven

Break the code using the information below. Find each coded letter on the top row, and read down to break the code.

0	1	2	3	4	5	6	7	8	9	10	11	12	13	14	15	16	17	18	19	20	21	22	23	24	25
G	L	A	K	U	Y	O	F	T	C	P	Z	I	W	M	R	X	B	E	J	V	D	H	S	Q	N

2 15 9 22 17 12 23 22 6 10 '23 / 10 2 1 2 9 18

14 12 1 1 18 / 7 1 18 4 15 23

13 22 12 8 18 22 2 1 1

23 8 6 1 1 14 18 5 18 15 '23 / 9 2 23 8 1 18

22 2 5 18 23 / 9 6 4 15 8

2 14 17 2 15 21 '23 / 22 6 4 23 18

24 4 18 18 25 '23 / 15 6 5 2 1 / 9 6 1 1 18 0 18

147

The Magnificient Seven

Ambard's House was constructed by Lucien Ambard in 1904 as a family residence.

Archbishop's Palace was built by Patrick Vincent Flood (fifth archbishop of Port of Spain) in 1903, When it was completed in 1969, the first Trinidadian born archbishop, Monsignor Pantin, became its sole inhabitant.

Hayes Court: a French Colonial Architectural style house designed by Taylor & Gillies and was completed in 1910. It was built as a residence for the Anglican Bishop to Trinidad and was named after Bishop Thomas Hayes, who served as the archbishop from 1889 – 1904.

Mille Fleurs was the home of the Prada family for 19 years. Under the guidance of Dr. Enrique Prada (Mayor of Port of Spain from 1914 – 1917), the residence was built in 1904 by George Brown.

Queen's Royal College (QRC) is currently one of the most prestigious secondary schools and the oldest in Trinidad. It was opened on March 25, 1904 by Governor Sir Alfred Maloney.

Stollmeyer's Castle (Killarney), St. Clair: the first residence built for Charles Fourier Stollmeyer and his family.

Whitehall (originally Rosenweg), began construction in 1904. It was built by Joseph Leon Agostini. It served as Office of the Prime Minster from 1959 - 1988 and 1999-2008.

Solutions

Beware! Serpents

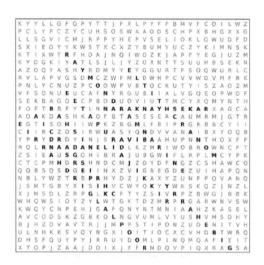

Chutney Soca

Level One

Cooking Utensils

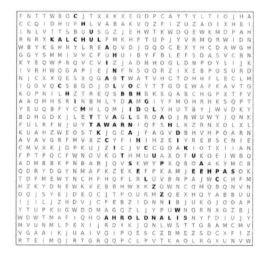

Curry Tabanca

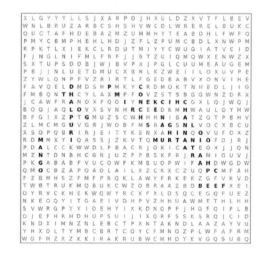

Deep Plunge Pools

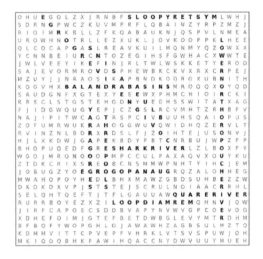

Discover The East Coast

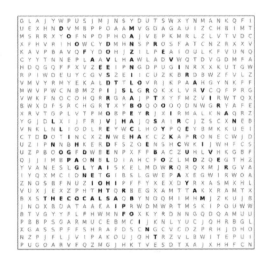

Level One

Folklore Characters

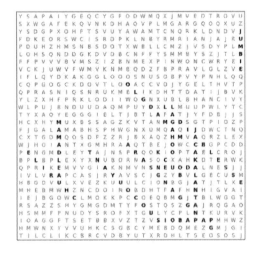

Horses of the Century

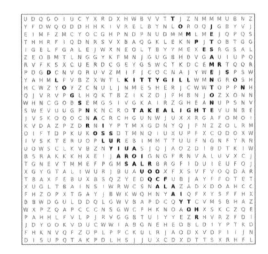

International Eatery Franchises

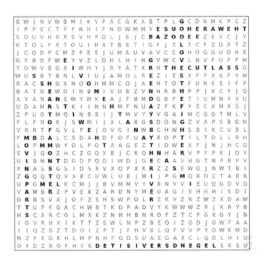

Local Films

Native Animals

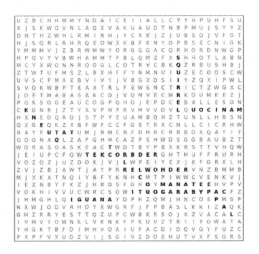

Parang Instruments

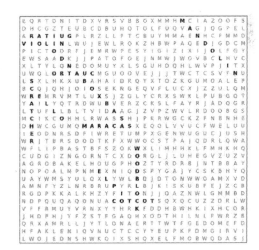

Level One

Peaky Mountains

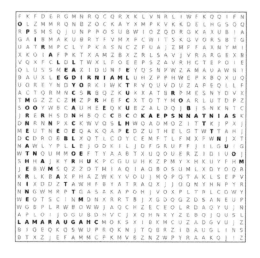

Religious Diversity

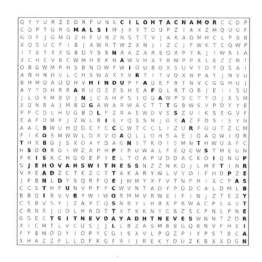

Silver Steel Rhythm Bands

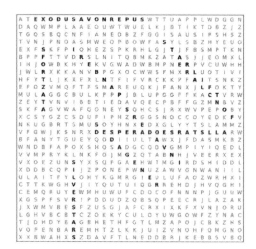

Tobago Festivities

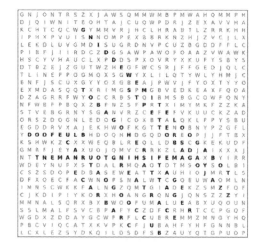

Level One

Angelical Wings

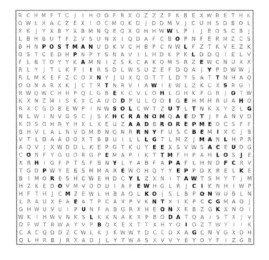

Cascading Waterfalls

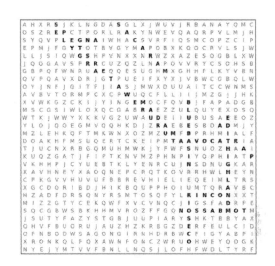

Level Two

Exploring Deep South

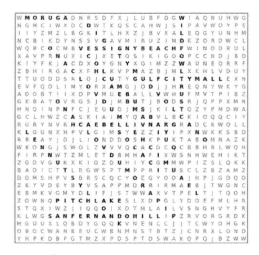

Fresh Water Species

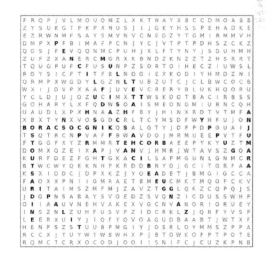

Governing Our Country

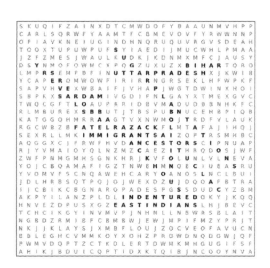

Indentured Laborers

Level Two

Legal Time Out

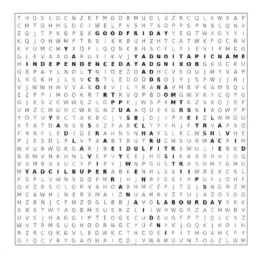

Local Restaurants

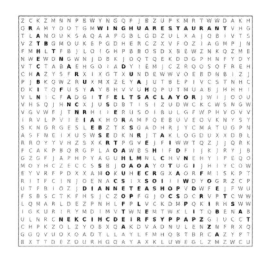

Luxury Hotels

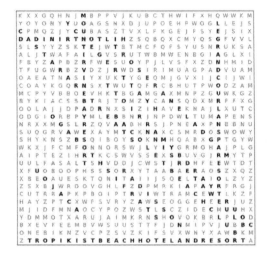

Neighboring Member States of Caricom

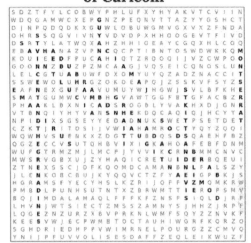

Level Two

North Coast Beaches

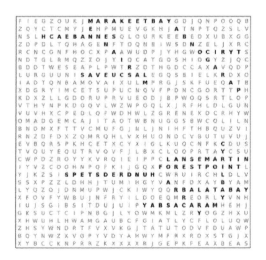

Prominent Cricketers

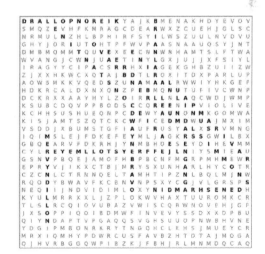

Reef Adventure, Dive In!

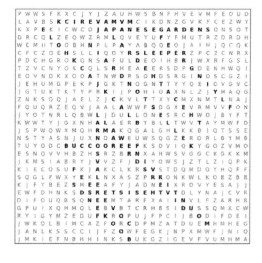

Sweet Hand Treats

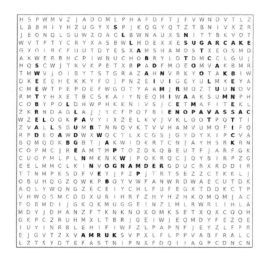

Level Two

Voices of Soca Music

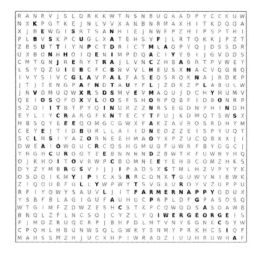

Amerindian Named Settlements

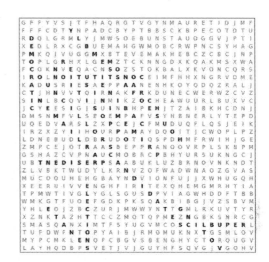

Constitutional Framework

Level Three

Eid-Ul-Fitr

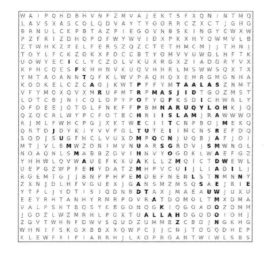

Endangered Species

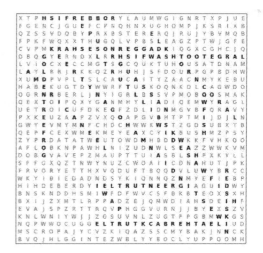

158

Festival of Lights

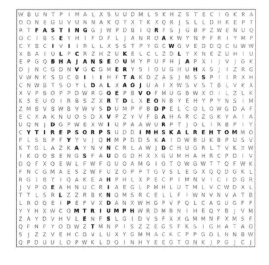

Gems of Trinidad

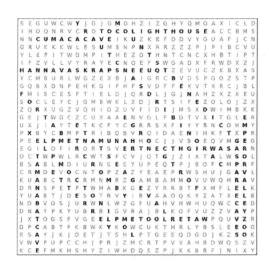

Level Three

Mango Feast

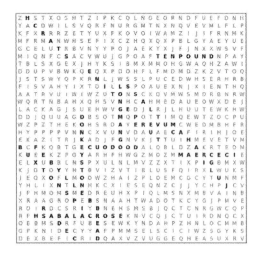

Olympic Medalists

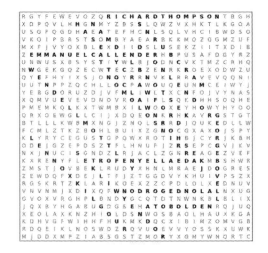

159

Outdoor Activities

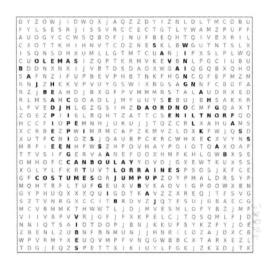

Revelers

Soca Parang Entertainers

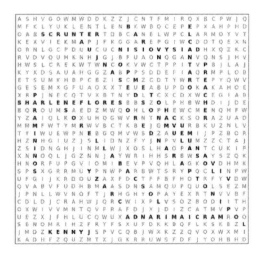

Street Favorites

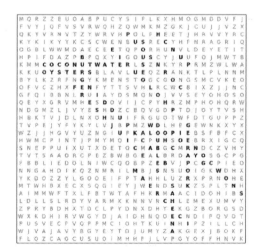

Level Three

160

Streets of Port-of-Spain

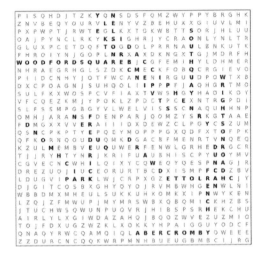

Tiny Creatures

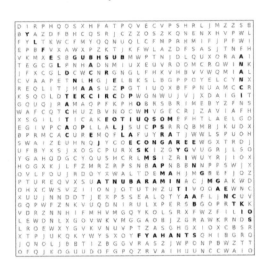

Level Three

Tobago Great Race

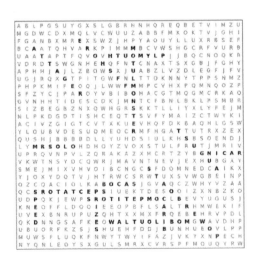

Traditional Carnival Characters

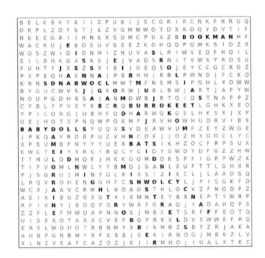

Adventures in Chaguaramas

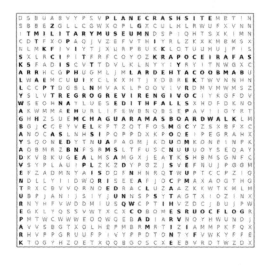

Belly in Meh Hand

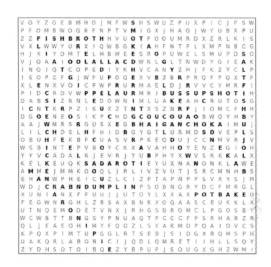

Level Four

Biggest Show on Earth

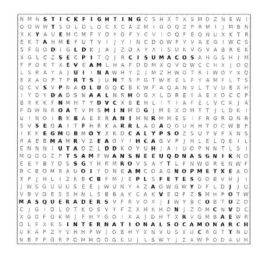

Blossoming Garden

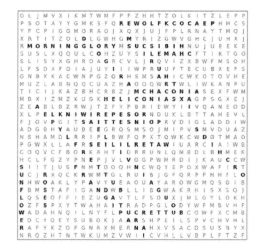

162

Buss ah Lime - Fete Time

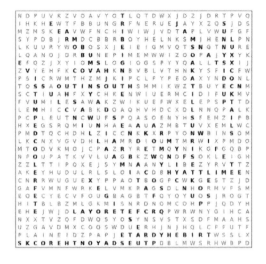

CPL in D' Oval

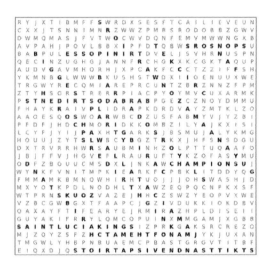

Level Four

Emperor Valley Zoo

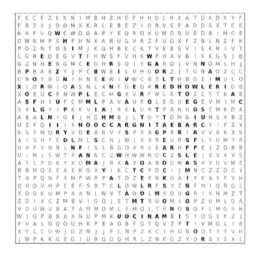

Farmers Market

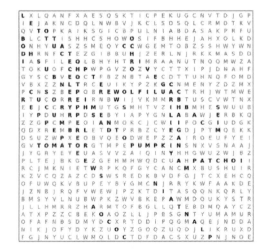

Feathered Friends

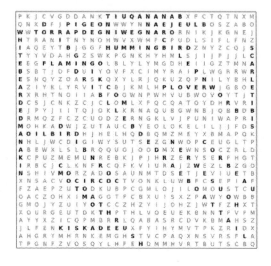

French Named Settlements

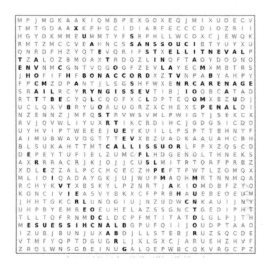

Gems of Tobago

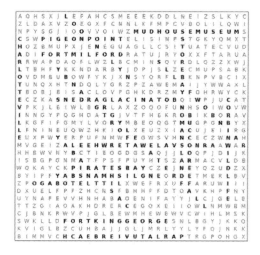

History of Petroleum

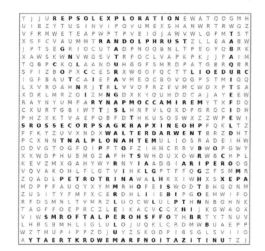

It's Christmas Time

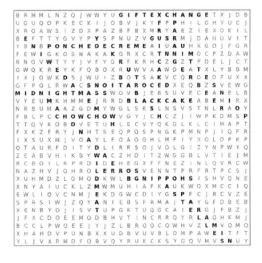

Jump Up in a Band

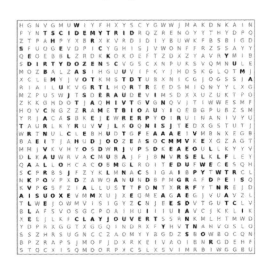

Level Four

Majestic Little Islands

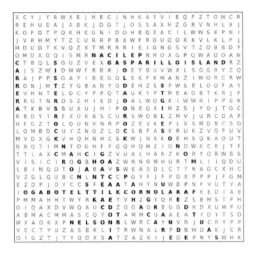

Marine Species

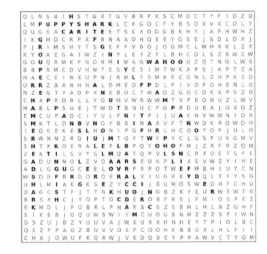

Natural Vitamins

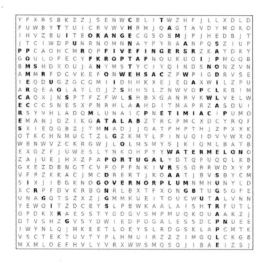

Snack N' Ting

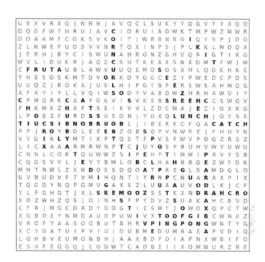

Level Four

Spanish Named Settlements

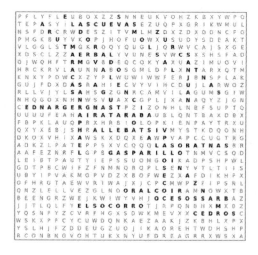

Talk Like ah Trini

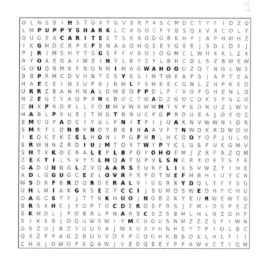

ADMINISTERED COUNTIES

17 10 13 5 2 19 10 12
Victoria

0 12 10 8 5 / 7 12 17 10 7
Saint David

0 12 10 8 5 / 18 12 5 19 10 13 25
Saint Patrick

0 12 10 8 5 / 1 22 2 19 1 22
Saint George

8 12 19 10 17 12
Nariva

9 12 16 12 19 2
Mayaro

13 12 19 2 8 10
Caroni

0 12 10 8 5 / 12 8 7 19 22 24
Saint Andrew

THE MAGNIFICENT SEVEN

2 15 9 22 17 12 23 22 6 10 '23 / 10 2 1 2 9 18
Archbishop's Palace

14 12 1 1 18 / 7 1 18 4 15 23
Mille Fleurs

13 22 12 8 18 22 2 1 1
Whitehall

23 8 6 1 1 14 18 5 18 15 '23 / 9 2 23 8 1 18
Stollmeyer's Castle

22 2 5 18 23 / 9 6 4 15 8
Hayes Court

2 14 17 2 15 21 '23 / 22 6 4 23 18
Ambard's House

24 4 18 18 25 '23 / 15 6 5 2 1 / 9 6 1 1 18 0 18
Queen's Royal College

167

Directory

Birdwatching

1. Caroni Bird Sanctuary
   1-868-755-7826
   info@caronibirdsanctuary.com

Hashing

1. Trinidad & Tobago Hash House Harriers
   1-868-355-0502
   poshhh@yahoogroups.com

Hiking

1. Caribbean Hiking Adventures
   1-868-734-4242
   info@caribbeanhikingadevntures.com

2. Island Hikers
   1-868-749-2956
   mario.russell@gmail.com

Turtle Watching

1. Fishing Pond Turtle Conservation Group
   1-868-361-4712
   fpondtcg@gmail.com

2. Grand Riviere Tour Guide Association
   1-868-670-2781
   gmtga@gmail.com

3. Nature Seekers
   1-868-668-7337
   natureseekers@gmail.com

4. SOS Tobago
   1-868-328-7351
   info@sos-tobago.org

Bibliography

1. (2008, March 15). *10 Useful Cooking Utensils used in Caribbean Cooking*. Simply Trini Cooking. https://www.simplytrinicooking.com/10-caribbean-cooking-utensils/

2. (2010, July 2). *Batimamselle | Yuh is ah Trini*. Sokah2Soca. https://www.sokah2soca.com/2010/07/yuh-is-ah-triniif-you-know-what-is-ah.html

3. (2015, March 8). *SALUTING OUR WOMEN – TRINIDAD AND TOBAGO PM KAMLA PERSAD-BISSESSAR*. Caricom. https://caricom.org/saluting-our-women-trinidad-and-tobago-pm-kamla-persad-bissessar/

4. (2017, March 16). *Swimming Against the Current: Fish of Tobago's Main Ridge Reserve*. Amy Deacon. https://amydeacon.weebly.com/writing/category/fish

5. (2020, April 28). *Isolation on Prison Island*. Newsday. https://newsday.co.tt/2020/04/28/isolation-on-prison-island/

6. (2020, February 27). *Ronnie and Caro wows fans with 'Cry of the Serengeti'*. Loop News. https://tt.loopnews.com/content/watch-ronnie-and-caro-wow-fans-serengeti

7. (2020, May 29). *The beginning of Indian Indentureship in Trinidad*. The National Trust of Trinidad and Tobago. https://nationaltrust.tt/home/beginning-of-indian-indentureship-trinidad/?v=df1f3edb9115

8. (2021, June 14). *Temple in the Sea*. NALIS. https://www.nalis.gov.tt/NALIS-Blog/ArticleID/538/SEWDASS-SADHU-SHIV-MANDIR-TEMPLE-IN-THE-SEA

9. (2021, March 22). *The Magnificent Seven in Port of Spain*. Visit Trinidad. http://www.ttorchids.net/aboutus/index.php

10. (n.d.). *'Green Days' First T&T Film to Play at Swiss Film Festival*. Creative TT. https://creativett.co.tt/blog/green-days-first-tt-film-to-play-at-swiss-film-festival/

11. (n.d.). *A Toolkit on Integrated Mosquito Vector Management for the Caribbean*. Caribbean Public Health Agency. https://carpha.org/Portals/0/Publications/IVM%20Toolkit2017Final.pdf

12. (n.d.). *About Great Race*. Trinidad and Tobago Powerboat Association. https://www.thettpba.com/great-race

13. (n.d.). *About the Trinidad & Tobago Game Fishing Association*. Trinidad and Tobago Game Fishing Association. http://www.ttgfa.com/page/about-the-trinidad-tobago

14. (n.d.). *Birdwatching*. Destination Trinidad and Tobago. https://www.destinationtnt.com/to-do-and-see/eco-adventure/birdwatching/

15. (n.d.). *Buccoo Goat Race Festival*. Destination Trinidad and Tobago. https://www.destinationtnt.com/events/buccoo-goat-race-festival/

16. (n.d.). *Competitions at the Trinidad Carnival*. Go! Trinidad. https://gotourismguides.com/trinidadandtobago/competitions-at-the-trinidad-carnival/

17. (n.d.). *Fort Granby*. Destination Trinidad and Tobago. https://www.destinationtnt.com/fort-granby/

18. (n.d.). *Freedom in the World 2021*. Freedom House. https://freedomhouse.org/country/trinidad-and-tobago/freedom-world/2021

19. (n.d.). *Gasparee Caves*. Destination Trinidad and Tobago. https://www.destinationtnt.com/gasparee-caves/

20. (n.d.). *Hashing*. Outdoors Trinidad. https://www.trinoutdoors.com/pages/hashing.htm

21. (n.d.). *Historical Facts on the Petroleum Industry of Trinidad and Tobago*. Ministry of Energy and Energy Industries. https://www.energy.gov.tt/historical-facts-petroleum/

22. (n.d.). *Japanese Gardens*. Visit Tobago. https://www.visittobago.gov.tt/node/976

23. (n.d.). *Jeffrey Stollmeyer*. ESPN Sports Media. https://www.espncricinfo.com/cricketers/jeffrey-stollmeyer-52953

24. (n.d.). *Jouvert Carnival Tradition*. Itz Caribbean. https://www.itzcaribbean.com/carnival/jouvert/

25. (n.d.). *Knollys Tunnel*. The National Trust of Trinidad and Tobago. https://nationaltrust.tt/location/knollys-tunnel/

26. (n.d.). *L'eau Michel Mud Volcano*. Destination Trinidad and Tobago. https://www.destinationtnt.com/leau-michel-mud-volcano/

27. (n.d.). *La Brea Pitch Lake*. Destination Trinidad and Tobago. https://www.destinationtnt.com/pitch-lake/

28. (n.d.). *LAWS OF TRINIDAD AND TOBAGO*. MINISTRY OF THE ATTORNEY GENERAL AND LEGAL AFFAIRS. https://rgd.legalaffairs.gov.tt/Laws2/Alphabetical_List/lawspdfs/67.01.pdf

29. (n.d.). *Lopinot House*. The National Trust of Trinidad and Tobago. https://nationaltrust.tt/home/location/lopinot-house/

30. (n.d.). *Mangos in Trinidad and Tobago*. National Mango Board. https://www.mango.org/blog-mangos-in-trinidad-and-tobago/

31. (n.d.). *MV Maverick*. Trini Go. https://www.trinigo.com/trinidad-tobago/vacation/trinbago-dive-sites/dive-sites-wrecks/diving-spot/mv-maverick-scalet-ibis/

32. (n.d.). *National Bird*. Ministry of Foreign and CARICOM Affairs.

33. (n.d.). *No Man's Land*. Visit Tobago. https://www.visittobago.gov.tt/sea-beaches/no-mans-land

34. (n.d.). *Our History*. Rural Development and Local Government.

35. (n.d.). *Parang*. NALIS. https://www.nalis.gov.tt/Resources/Subject-Guide/Parang

36. (n.d.). *Pointe-A-Pierre Wild Fowl Trust*. Destination Trinidad and Tobago. https://www.destinationtnt.com/pointe-a-pierre-wild-fowl-trust/

37. (n.d.). *Sale of State Game Licence*. Ministry of Agriculture, Land and Fisheries. https://agriculture.gov.tt/divisions-units/divisions/forestry-division/sale-state-game-licence/

38. (n.d.). *Seven of the Best Waterfalls in Trinidad and Tobago*. Destination Trinidad and Tobago. https://www.destinationtnt.com/blog/seven-of-the-best-waterfalls-in-trinidad-and-tobago/

39. (n.d.). *The Amerindians of Trinidad & Tobago*. Trinbago Pan. https://www.trinbagopan.com/Amerinidian1.htm

40. (n.d.). *Tobago Jazz Experience*. Destination Trinidad and Tobago. https://www.destinationtnt.com/events/tobago-jazz-experience/

41. (n.d.). *Tobago Main Ridge Forest Reserve*. UNESCO World Heritage Centre. https://whc.unesco.org/en/tentativelists/5646/

42. (n.d.). *Tobago South West Dive Sites*. Tobago Beyond. https://www.tobagobeyond.com/tobago-south-west-dive-sites

43. (n.d.). *Traditional Carnival Characters*. TnT Island. http://www.tntisland.com/carnivalcharacters.html

44. (n.d.). *Trinibago Humour*. My Tobago. https://www.mytobago.info/humour.php

45. (n.d.). *Trinidad and Tobago Orchid Society*. Trinidad and Tobago Orchid Society. http://www.ttorchids.net/aboutus/index.php

46. (n.d.). *Trinidad Carnival Bands*. Go! Trinidad. https://gotourismguides.com/trinidadandtobago/trinidad-carnival-bands/

47. (n.d.). *Turtle Watching*. Destination Trinidad and Tobago. https://www.destinationtnt.com/to-do-and-see/eco-adventure/turtle-watching/

48. (n.d.). *Venomous Animals*. The University of the West Indies. https://sta.uwi.edu/pic/venomousanimals.asp

49. Beckles, J. (2020, October 20). *Mr Solo driver holds Guinness record as oldest pro racer*. Newsday. https://newsday.co.tt/2020/10/20/mr-solo-driver-holds-guinness-record-as-oldest-pro-racer/

50. Bekele, F. L. (n.d.). *The History of Cocoa Production in Trinidad & Tobago*. The University of the West Indies. https://sta.uwi.edu/cru/sites/default/files/cru/HistoryCocoaProductionTT.pdf

51. Bennett, S. (2021, September 16). *Explore a Mud Volcano in Trinidad: Uncommon Attraction*. Uncommon Caribbean. https://www.uncommoncaribbean.com/trinidad/mud-volcano/

52. Berkeley, D. (2017, May 16). *Road Trip – Icacos, Cedros, Columbus Bay*. Dewayne Berkeley. https://www.dewayneberkeley.com/2017/05/16/road-trip-icacos-cedros-columbus-bay/

53. Besson, G. A. (2018, May 30). *Street Smart Or, How History Changes Everything*. The Caribbean History Archives. http://caribbeanhistoryarchives.blogspot.com/2018/05/street-smart-or-how-history-changes.html

54. Bissessarsingh, A. (2012, May 19). *The infamous Indian barracks*. Guardian. https://www.guardian.co.tt/article-6.2.422698.fdc67bd229

55. Cooper, J. (n.d.). *Christmas in Trinidad and Tobago*. Why Christmas. https://www.whychristmas.com/cultures/trinidad-tobago

56. Doodnath, A. (2018, March 12). *Story of Chaguaramas plane wreck goes viral online*. Loop News. https://tt.loopnews.com/content/story-chaguaramas-plane-wreck-goes-viral-online https://foreign.gov.tt/about/trinidad-tobago/national-symbols/national-bird/ https://rdlg.gov.tt/our-ministry/our-history/

57. Jewell, C. (n.d.). *Breathing new life into Trinidad and Tobago's cocoa sector*. World Intellectual Property Organization. https://www.wipo.int/wipo_magazine/en/2017/05/article_0005.html

58. Joseph, A. (2020, October 20). *Junonia genoveva (Mangrove Buckeye or Donkey Eye)*. The University of the West Indies. https://sta.uwi.edu/fst/lifesciences/sites/default/files/lifesciences/documents/ogatt/Junonia_genoveva%20-%20Mangrove%20Buckeye%20or%20Donkey%20Eye.pdf

59. Millar, S. (n.d.). *Among the Dragon's Mouths: Down the Islands, Trinidad*. Caribbean Beat. https://www.caribbean-beat.com/issue-133/among-the-dragons-mouths

60. Serrant, C. (2021, February 19). *The Lighthouses of Northern Trinidad: Beacons of Built Heritage*. The National Trust of Trinidad and Tobago. https://nationaltrust.tt/home/north-trinidad-lighthouses/?v=df1f3edb9115

61. Sylvester, A. (2018, August 7). *Tobago Heritage Festival Guide: Tobago Ole Time Wedding*. Island Girl In-Transit. http://islandgirlintransit.com/2018/08/07/tobago-ole-time-wedding/